Kirsten Boie, 1950 in Hamburg geboren, eine der renommiertesten Autorinnen des modernen Kinder- und Jugendbuchs. Studierte Deutsch und Englisch, promovierte in Literaturwissenschaft und war von 1978 bis 1983 Lehrerin an einem Gymnasium und an einer Gesamtschule. Ihre Bücher, bisher in sechzehn Sprachen übersetzt, wurden mit zahlreichen Preisen ausgezeichnet. Für ihr Gesamtwerk wurde sie für die Hans-Christian-Andersen-Medaille 2000 nominiert, die höchste internationale Auszeichnung der Kinder- und Jugendliteratur.

Silke Brix-Henker, 1951 in einem kleinen Ort in Schleswig-Holstein geboren. Studierte von 1978 bis 1982 an der Fachhochschule für Gestaltung in Hamburg und illustriert seit 1986 Bücher für Kinder. 1987 begann ihre Zusammenarbeit mit Kirsten Boie, aus der bisher zahlreiche Kinder- und Bilderbücher hervorgegangen sind, u. a. die Linnea-Bücher »Linnea geht nur ein bisschen verloren«, »Linnea will Pflaster«, »Linnea klaut Magnus die Zauberdose« und »Linnea rettet Schwarzer Wuschel«.

KIRSTEN BOIE

Linnea rettet Schwarzer Wuschel

Bilder von Silke Brix-Henker

Verlag Friedrich Oetinger · Hamburg

Mehr über Linnea in

Linnea geht nur ein bisschen verloren
Linnea will Pflaster
Linnea klaut Magnus die Zauberdose
Man darf mit dem Glück nicht drängelig sein

© Verlag Friedrich Oetinger, Hamburg 2000
Alle Rechte vorbehalten
Einband und farbige Illustrationen von Silke Brix-Henker
Satz: Utesch GmbH, Hamburg
Lithos: Photolitho, Gossau
Druck und Bindung: Clausen & Bosse, Leck
Printed in Germany 2000/II

ISBN 3-7891-3136-9

Inhalt

So sieht die ganze Familie aus

Das ist Linnea, die ist fast fünf,
und das ist Magnus

und das große Mädchen daneben ist Anna.
Die Frau ist natürlich Mama, das kann man sich ja
denken, nur Papa ist leider nicht mit auf dem Bild.

Weil Papa in Bremen wohnt nämlich und nicht zu Hause bei Anna, Magnus und Linnea. Da hat Papa jetzt seine eigene Wohnung, weil er sich mit Mama nicht mehr so gut vertragen hat. Darum sind Mama und Papa jetzt nicht mehr verheiratet. Aber am Wochenende besuchen Anna, Magnus und Linnea Papa manchmal und dann machen sie Sachen zusammen.

Also gehört Papas Bild natürlich auch noch hierher.

Und das von Schwarzer Wuschel vielleicht auch. Obwohl der erst später kommt in der Geschichte.

Magnus zeigt Linnea ein Geheimnis

Als Magnus an diesem Morgen aus der Schule kommt, ist er wirklich schlechter Laune.

In der großen Pause musste er sich ein bisschen mit Nina beulen, weil Nina gesagt hat, sie ist, wetten, stärker als er. Das kann man ja schon sehen. Wenn Jungs eine Brille haben, sind das immer Schwächlinge.

»Selber Schwächling!«, hat Magnus da geschrien und Nina so eine gescheuert, dass sie fast umgekippt wäre. Und Nina hat zurückgeboxt, richtig doll, gegen Magnus' Brust. Und da ist *Magnus* umgekippt, ganz richtig und nicht nur fast, und alle Mädchen haben geschrien: »Yeah, Nina, yeah!«

Und gerade als Magnus wieder aufgestanden ist und mit dem rechten Arm so viel Schwung geholt hat, dass Nina dieses Mal bestimmt im Zaun gelandet wäre, musste natürlich Herr Granzow kommen, der hatte Pausenaufsicht, und er hat gesagt, Prügeln ist verboten. Und noch dazu ein Mädchen!

So kennt er Magnus ja gar nicht. Magnus soll sich mal schämen, und ganz schnell bei Nina entschuldigen soll er sich auch.

Das wollte Magnus aber nicht und darum war Herr Granzow böse auf ihn. Und den ganzen Morgen haben Nina und Hatice und Katja gekichert und mit dem Finger auf Magnus gezeigt. Bestimmt glauben die jetzt, dass Magnus wirklich ein Schwächling ist, und dabei könnte er sie mit dem kleinen Finger besiegen, wenn er das wollte. Er will nur nicht. Schließlich soll man Mädchen nicht hauen.

Aber Linnea vom Kindergarten abholen muss Magnus trotzdem, auch wenn er schlechte Laune hat. Mama kommt ja erst am Nachmittag nach Hause und Anna geht heute zu einer Freundin. Und um alleine zu gehen ist Linnea noch zu dumm. Und *wie* dumm Linnea ist, merkt Magnus gleich, als er in den Gruppenraum kommt. Da steht Linnea mit einem Teesieb und einer Zahnbürste und spritzt Tusche über eine Hasenschablone.

»Nicht gucken, Mensch!«, schreit Linnea. »Das ist doch für Ostern!«

»Aber doch nicht für mich!«, sagt Magnus böse und

10

guckt Linneas Sweatshirt an und Linneas Strumpfhose.
Eigentlich soll Linnea beim Tuschen im Kindergarten
immer einen Malkittel anziehen. Und jetzt sieht man ja
mal, was passiert, wenn sie das nicht tut.

»Zieh dich an, Linnea«, sagt Magnus.

Da grummelt Linnea ein bisschen, weil Magnus wieder
mal bestimmen will, aber dann legt sie ihr Bild doch zum
Trocknen auf die Fensterbank und zieht ihre Jacke und
ihre Hose an. Da sind manche Flecke schon nicht mehr
zu sehen.

»Und außerdem hab ich eine Überraschung für dich«,
sagt Magnus, als sie Frau Dieckmann »Auf Wiedersehen«
gesagt haben und sie ihnen die Kindergartentür aufgemacht hat. Eigentlich ist Magnus natürlich ein Schulkind,
aber so groß, dass er innen an den Kindergarten-Türgriff
kommt, ist er doch noch nicht. »Wir gehen einen Geheimweg.«

»Einen Geheimweg, Magnus, einen Geheimweg?«, sagt Linnea und schlenkert
mit ihrem Rucksack.

»Warum denn, Magnus, du, sag mal?
Warum ist der geheim?«

»Weil!«, sagt Magnus und hält Linnea
an der Schulter fest. Jetzt muss sie
sich erst mal ihren Rucksack auf-
setzen.

Linnea guckt ihn böse an. »Du weiß das wohl selber nicht, Dummi!«, sagt sie. »Warum das geheim ist. Ätschi-bätschi.«

Aber das weiß Magnus leider genau. Nur Linnea kann er es nicht sagen.

Wenn Magnus jetzt nämlich mit Linnea den ganz normalen Weg nach Hause geht, dann kommen sie an einem Haus vorbei, da wohnt Nina. Und Katja wohnt da auch, gleich im nächsten Eingang, und wenn die beiden ihn sehen, kommen sie vielleicht rausgerannt und kichern wieder so gemein, und dann müsste Magnus ihnen natürlich *richtig* eine scheuern. Auch wenn man das bei Mädchen nicht soll. Aber heute hat er ja Linnea dabei, und die ist noch so klein und so dumm. Nachher fängt sie womöglich an zu heulen, wenn Magnus sich beult. Da geht er heute lieber mal einen anderen Weg. Schließlich hat er Mama versprochen, dass er gut auf Linnea aufpasst.

»Das merkst du schon selber«, sagt Magnus darum. »Das Geheimnis ist ein Geheimnis.«

Geheimnisse findet Linnea gut, das weiß Magnus, und wirklich hüpft sie jetzt auch schon wieder ganz vergnügt auf den Gehwegplatten, ohne auf den Strich zu treten. Wenn Kinder noch so klein und dumm sind, glauben sie einem ja einfach alles.

Aber natürlich muss Magnus jetzt für Linnea auch noch ein *echtes* Geheimnis finden, sonst fragt sie nachher und fragt und fragt, und dann muss er ihr vielleicht doch das von Nina und der Prügelei erzählen. Und vielleicht glaubt Linnea dann sogar, dass Magnus wirklich nicht stärker ist als Nina, kann doch sein. Sie versteht ja so viele Sachen nicht richtig.

»Guck, da ist es!«, ruft Magnus darum aufgeregt, als sie an das rummelige Grundstück kommen. »Aber keinem verraten!«

Das rummelige Grundstück liegt mitten zwischen den großen Häusern. Da, wo die gelben großen Häuser aufhören und die roten großen Häuser anfangen, steht mitten dazwischen ein winziges weißes Haus, mitten in einem wunderschönen rummeligen Garten.

»Das ist das Geheimnis«, flüstert Magnus. »Guck doch mal!« Und er fühlt sich auf einmal so froh, weil er nun doch ein richtiges Geheimnis für Linnea gefunden hat. Weil der Garten nämlich wirklich ein besonderer Garten ist, das sieht man ja schon von weitem. Wunderbare Zwerge aus Plastik stehen überall zwischen den Büschen

und halten kleine Laternen und Gießkannen, und nur bei ganz wenigen ist schon ein bisschen die Nase ab oder ein Arm. Neben einem Schuppen liegt ein Tier mit einem abgebrochenen Ohr, das sieht vielleicht aus wie ein Reh und ist auch schon ganz alt, und daneben steht ein Schneewittchen und lächelt Magnus zu.

»Oh, geil, Magnus, toll«, flüstert Linnea und hat wohl ganz vergessen, dass man *geil* nicht sagen soll.

»Hab ich dir doch gesagt!«, sagt Magnus zufrieden. »Ein Geheimnis.« Und er guckt ganz glücklich über den Zaun. Fast muss er jetzt ja froh sein, dass Nina heute Morgen so blöde war. Sonst wäre er doch den normalen Weg nach Hause gegangen. Und der ist nun wirklich langweilig.

Und dann merkt Magnus plötzlich, dass er das *richtige* Geheimnis noch gar nicht gesehen hat: Das *richtige* Geheimnis sind nämlich gar nicht die vielen Figuren, die auf

dem Rasen stehen und aussehen, als ob sie auch jetzt im kalten April kein bisschen frieren. Das *richtige* Geheimnis läuft zwischen ihnen herum und pickt auf dem Boden und macht komische,

ruckige Bewegungen mit dem Kopf und hebt die dünnen Beine beim Laufen. Das richtige Geheimnis ist ein Huhn.

»Und da ist noch eins!«, schreit Magnus so laut, dass das Huhn vor lauter Schreck hinter den Zwergen verschwindet. »Und da! Guck mal, Linnea!«

Linnea lehnt sich zufrieden gegen den morschen Zaun.

»Tausendhundert«, sagt sie und nickt. »Dreiundzwanzig. Das ist aber ein gutes Geheimnis, Magnus.«

»Klar«, sagt Magnus und streckt seine Hand aus, damit das Huhn zu ihm kommen soll. »Hab ich dir doch versprochen.«

Aber einfach so will das Huhn doch nicht kommen und die anderen Hühner wollen das auch nicht. Die picken lieber wieder auf dem Boden herum, da liegen lauter Körner, und daran kann man sehen, dass die Hühner einem gehören, der sie füttert, und dass sie leider keine Waisenhühner sind.

»Aber was anderes mögen die auch mal«, sagt Magnus und nimmt seinen Ranzen

vom Rücken. »Halt mal, Linnea.«
Dann holt er seine Frühstücksdose heraus, da ist noch ein Klappbrot drin mit nichts dazwischen. Die Wurst musste Magnus in der Schule schon essen, das war die hellrosa mit dem Clownsgesicht, die mag er immer so gerne.

Richtigen Hunger hat Magnus in der Schule eigentlich nie, und darum bleibt das Brot meistens übrig. Da könnte Mama ihm auch gleich nur die Wurst mitgeben.

Aber jetzt ist es doch mal gut, dass Mama immer sagt, nur Wurst ist schrecklich ungesund. Weil die Hühner das Brot nämlich viel lieber mögen als Magnus, das sieht man sofort. Alle kommen sie an den Zaun gerannt, als Magnus die ersten Bröckchen in den Garten schmeißt, und Linnea schreit: »Ich auch! Gib mir auch was ab, Magnus!« Und da gibt Magnus ihr auch ein paar winzige Brocken. Wenn man ihr größere Stücke gibt, schmeißt sie die doch nur unzerbröselt über den Zaun, und das wäre doch Vergeudung.

»Guck mal, die haben aber Hunger!«, sagt Linnea, als sie auch das letzte Stückchen Brot in den Garten geschmissen haben und die Hühner sich hinter dem Zaun so doll darum streiten, als wäre es mindestens ein Schokoriegel.

Tausendhundert Hühner sind es vielleicht
nicht gerade und bestimmt nicht mal dreiundzwanzig, aber dafür, dass sie hier
mitten in der Stadt wohnen, sind es schon
eine ganze Menge.

»Hast du auch noch was für sie, Linnea?«, fragt
Magnus, als das Brot aufgepickt ist und die Hühner
sich schon wieder umdrehen und zu den Zwergen
zurückmarschieren.

Linnea denkt nach. »Ich bin ja
immer so hungrig«, sagt sie
und wühlt in ihrem Kinder-
garten-Rucksack. »Ich muss ja
noch wachsen.«

Und wirklich liegt in ihrem Rucksack nur noch eine
Packung Taschentücher und das zusammengeknüllte
Butterbrotpapier, in das Linneas Frühstück eingewickelt
war. Eine Brotdose hat Linnea nämlich leider nicht mehr.
Weil sie im Kindergarten schon zweimal Marienkäfer
darin sammeln musste mit viel Gras, damit sie es schön
haben. Und damit sie nicht ersticken, musste Linnea

natürlich Löcher in den Deckel piksen.
Da hat Mama nach dem zweiten Mal
gesagt, das wird ihr langsam zu teuer,
und ein Kind, das seine
Brotdose sowieso

hauptsächlich zur Tierzucht nutzt, kann von jetzt an sein Brot in Papier mitnehmen. Auch wenn das ja nicht so gut für die Umwelt ist.

»Papier mit Geschmack«, sagt Linnea und hält es Magnus unter die Nase. »Riech das mal, Magnus. Das mögen die auch.«

Da riecht Magnus an Linneas Papier und das riecht wirklich nach Käse und ein kleines bisschen auch nach Brot.

»Ich weiß nicht, ob die Papier dürfen«, sagt er ängstlich. »Vielleicht ist Papier ungesund für Hühner.«

»Das können die doch wohl selber entscheiden«, sagt Linnea. Aber bevor sie ein Fitzelchen abreißen kann, geht plötzlich die Tür in dem kleinen weißen Haus auf und ein Mann kommt in den Garten. Und der geht direkt auf sie zu.

Ein Belgischer Riese

Vielleicht darf man die Hühner überhaupt nicht füttern,
denkt Magnus erschrocken, als der Mann ganz langsam
zum Zaun geschlurft kommt. Es ist ein ziemlich alter
Mann mit nur noch ganz wenig Haaren und einer Brille,
und er hat auch so Alte-Leute-Hosen an und eine Alte-
Leute-Jacke. Vielleicht darf man die Hühner gar nicht
füttern und sie werden krank davon und darum kommt
jetzt der Mann und schimpft. Und dabei wollte Magnus
die Hühner doch ganz bestimmt nicht krank machen.
»Na, ihr zwei beiden?«, sagt da der Mann. Zum Glück
hat Linnea ihr Papier wieder zurück in den Rucksack
gestopft. »Guckt ihr euch meine Hühner an?«
»Da ist kein Schild!«, sagt Magnus ängstlich. »Dass man
die nicht füttern darf!«
Der Mann seufzt. »Wenn einer die füttern will, füttert er
sie sowieso«, sagt er. »Da nützt ein Schild gar nichts, mein
Jung.«
»Wir haben ihnen nur Schulbrot gegeben«, sagt Magnus.
»Ohne Wurst.«

Der Mann nickt. »Das iss man lieber selber, mein Jung«, sagt er freundlich. »Für die Hühner sind Körner gesünder. Siehst du ja, wie die picken. Und du bist doch ein Tierfreund.«

»*Ich* bin das!«, schreit Linnea und drängelt sich vor. »Ich hab mein Brot schon selber gegessen.«

»Schön, schön«, sagt der Mann. »Gucken kommen dürft ihr immer. Aber lieber nicht füttern. Alles klar?«

Magnus nickt. Also krank werden die Hühner von seinem Brot nicht, das ist ja schon mal gut. Es ist nur nicht so gesund für sie. Aber das macht vielleicht nicht so viel. Milchschnitte ist für Kinder auch nicht so gesund und die isst Magnus manchmal trotzdem.

»Wenn wir aber doch selber gar kein Tier haben?«, sagt Linnea da empört. »Wen sollen wir denn da füttern, sag mal?« Der Mann kratzt sich am Kopf, als ob er nachdenkt. »Habt ihr nicht?«, sagt er. »Mama ist, glaub ich, allergisch«, sagt Magnus. »Und Anna hat

Neurodermitis. Da ist das vielleicht auch
nicht so gut.«
Der Mann nickt. Bestimmt kann er sich
vorstellen, dass es traurig ist, wenn
man gerne ein Tier haben möchte, und

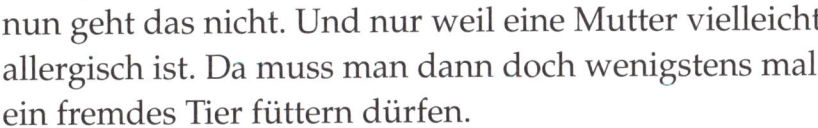

nun geht das nicht. Und nur weil eine Mutter vielleicht
allergisch ist. Da muss man dann doch wenigstens mal
ein fremdes Tier füttern dürfen.
»Kommt mal mit, ich zeig euch was«, sagt der Mann und
öffnet die Pforte. »Macht fix. Dass die Hühner mir nicht
ausbüxen.«
Aber Linnea steht steif wie ein Stock. »Wenn fremde
Männer was zeigen wollen, darf man nicht, Dummi!«,
sagt sie energisch. »Weißt du das nicht? Das lernt man im
Kindergarten.«
»Oh«, sagt der Mann.
»Aber *sagen* darfst du«, sagt Linnea. »Sagen ist nicht
zeigen. Was willst du uns denn zeigen, sag mal?«
»Dahinten, mein Lütten«, sagt der Mann und guckt zum
Haus zurück. Da steht an die Wand gelehnt ein Ding, das
sieht aus wie eine große braune Holzkiste mit Dach, und
die Vorderseite ist ein Gitter. »Dadrin sitzt mein Riese.«
»Haha, das gibt ja gar keinen Riesen!«, sagt Linnea vergnügt. »Bist du aber dumm! Du willst uns ja nur an-
schmieren!« Und sie guckt zu Magnus hin, weil jetzt
doch klar ist, dass der Mann sie mit der Schwindelei nur

21

in seinen Garten locken wollte. Weil er wirklich ein Böser ist. Genau wie sie das im Kindergarten immer sagen.

»*Belgischer* Riese«, sagt der Mann. »Das ist ein Kaninchen.«

»Ein Kaninchen?«, fragt Magnus und seine Stimme wird ganz dünn. Natürlich sind Hühner gut, das ist ja klar. Aber gegen ein Kaninchen sind Hühner doch gar nichts. Kaninchen sind weich und fluffig und haben niedliche lange Ohren und zitterige Barthaare, und wenn man sie auf den Arm nimmt, schnuppern sie einem am Gesicht und fühlen sich warm und gut und lebendig an.

Nur eine Hand unter den Po halten muss man ihnen immer, sonst kriegen sie Angst, das weiß Magnus von Katja. Die hat sogar zwei Kaninchen. Und eins durfte Magnus mal halten. Aber nur einmal. Weil Katja sonst immer mit Nina spielt.

»Echtes Kaninchen?«, flüstert Magnus. »Dahinten drin?« Und nun ist er schon fast an der Pforte.

Aber Linnea hält ihn fest. »Das sagen die immer, Magnus, die Bösen!«, sagt sie begeistert. »Dass sie dir ihr Kaninchen zeigen wollen! Da darf man nicht gehen!«

Magnus lässt die Schultern sinken. Natürlich hat Linnea Recht, auch wenn sie noch klein und dumm und im Kindergarten ist. Das mit den Kaninchen ist ein ganz gemeiner Trick, das weiß Magnus auch. Das hat Mama gesagt und sogar in der Schule haben sie darüber gesprochen.

Man darf nicht mit fremden Leuten gehen.
»Möchtet ihr ihn gerne sehen?«, fragt der Mann,
aber die Pforte hält er jetzt nicht mehr auf.
Magnus nickt. »Geht ja nicht«, murmelt er.
Da langt der Mann über den Zaun und streichelt ihm
über den Kopf.
»Ihr seid aber zwei tüchtige Kinder«, sagt er, »Junge,
Junge. Gut erzogen. Da können eure Eltern aber stolz
sein.« Dann zieht er seine Hand schnell zurück. »Dann
wartet man mal«, und er dreht sich um und schlurft
durch den Garten zurück zum Haus, wo der Käfig steht.
Da bückt er sich und öffnet die Gitterklappe und langt
nach drinnen, und als er wieder aufsteht, hat er etwas auf
dem Arm, das ist schwarz wie die Nacht und groß wie
ein Hund und hat zwei lange, weiße Ohren.
»Jetzt zeigt er uns *doch* sein Kaninchen!«, sagt Linnea
alarmiert. »Das darf er doch nicht, Magnus!«
»Am Zaun darf man«, sagt Magnus beschwichtigend.
»Wir sind ja nicht mitgegangen, Linnea. Am Zaun dürfen
wir gucken«, und da ist der Mann schon bei ihnen angekommen.
»Darf ich mal streicheln?«, flüstert Magnus, und dann
langt er über den Zaun und streichelt ganz, ganz vorsichtig über das weiche Fell. Das Kaninchen ist wirklich so
groß wie der Hund von André mit dem Mofa aus dem
Nebenhaus, und wenn Magnus ihm über den Rücken

streicht, hält es ganz still. Bestimmt findet es Magnus nett.
»Wie heißt das denn?«, fragt Linnea und stupst das Kaninchen vorsichtig in die Seite. So ein großes hat sie ja noch nie gesehen.

»Das hat keinen Namen«, sagt der Mann und hält ganz fest. »Das ist besser so, versteht ihr wohl. Sonst gewöhnt man sich noch. Und das ist ja nicht gut.«

Er ächzt ein bisschen. »So, jetzt ist es genug«, sagt er dann. »Der wird mir zu schwer!«, und er dreht sich einfach um und geht wieder zurück zum Käfig.

Magnus guckt ihm hinterher. Ein Kaninchen ohne Namen, das kann man doch nicht machen! Jeder muss heißen. Und dass der Mann sich nicht gewöhnen will, ist auch nicht sehr nett. Tiere muss man lieb haben. Dazu sind sie doch schließlich da.

»Der muss aber heißen!«, schreit Linnea da auch schon.

»Weiß du das nicht, Mann? Sonst weiß der doch überhaupt nicht, dass du mit ihm sprichst!« Aber der Mann hat sie gar nicht gehört. Er setzt das Kaninchen in seinen Käfig zurück und macht die Tür zu.

Dann kommt er noch einmal an den Zaun.

»Nun geht ihr man nach Hause«, sagt der Mann.
»Aber wieder kommen dürft ihr. Nur die Hühner
nicht füttern, hört ihr?«

Da nickt Magnus gehorsam, nur Linnea starrt den Mann
immer noch böse an.

»Der *muss* aber heißen!«, sagt sie wieder. »Jeder muss das!
Du willst doch auch nicht keinen Namen haben, du!
Dass immer alle *Mann* zu dir sagen!«

Aber der Mann hat sich längst umgedreht und ist im
Haus verschwunden. Linnea streckt ihm die Zunge raus.

»Das ist *doch* ein Böser«, sagt sie zu Magnus.

Nur die Hühner sind nur die Hühner

Dass der Mann ein Böser ist, glaubt Magnus eigentlich nicht. Natürlich ist es nicht schön von ihm, dass er seinem Kaninchen keinen Namen gibt und dass er es nicht lieb haben will.

Aber es war doch nett von ihm, dass er seinen Riesen extra aus dem Käfig geholt hat, damit Magnus und Linnea mal gucken konnten. Ein richtiger Verbrecher ist der Mann sicher nicht.

»Wir können morgen ja wieder gehen«, sagt Magnus, als Linnea sich ihren Rucksack aufgesetzt hat und er sich seinen Ranzen und als sie den Hühnern zum Abschied noch einmal zugewinkt haben.

»Ich ess mein Kindergartenbrot morgen auch nicht, Magnus«, sagt Linnea. »Da freuen sich die Hühner.«

Aber Magnus schüttelt den Kopf. »Wir sollen sie doch nicht füttern, Linnea«, sagt er. »Das ist nicht gesund für sie.«

Linnea guckt zu ihm hoch. »Aber das Kaninchen dürfen wir«, sagt sie bestimmt. »Das hat er gesagt. *Nur die Hüh-*

ner nicht füttern, hat er gesagt. Das Kaninchen dürfen wir.«

Magnus guckt sie zweifelnd an.

»Nee, das glaub ich nicht, Linnea«, sagt er. »Ich glaub nicht, dass der Mann das so gemeint hat.«

Aber Linnea ist sich ganz sicher.

»*Nur die Hühner nicht*, hat er gesagt!«, sagt sie streng. »Das Kaninchen dürfen wir!«

Und da denkt Magnus, dass Linnea ja ganz vielleicht doch Recht hat. *Nur die Hühner* sind nur die Hühner, und wenn der Mann das nicht so gemeint hat, soll er das auch nicht so sagen. Sonst hat er selber Schuld. Man muss sich immer ganz genau ausdrücken, sagt Mama. Dass die anderen einen auch richtig verstehen. Sonst muss man sich nicht wundern, wenn etwas schief geht.

»Wir können ja mal gucken«, sagt Magnus darum und in seinem Bauch fängt eine kleine Freude ganz vorsichtig an zu wachsen, wenn er an morgen und an das Kaninchen ohne Namen denkt.

Mama wundert sich

Mama ist ein bisschen überrascht, als Linnea am nächsten Morgen sagt, dass sie ganz unbedingt Karotten für ihr Kindergartenfrühstück will.

»Sonst willst du die doch nie?«, sagt Mama und packt Magnus sein Brot in die Dose. Anna macht sich ihr Schulfrühstück ja schon selbst. »Sonst sagst du doch immer, davon musst du spucken?«

»Heute nicht«, sagt Linnea und füttert ihre Linni mit Cornflakes ohne Milch. Linni ist ihre Puppe, die darf leider nicht mit zum Kindergarten. Gar keine Puppen dürfen das. Und Kuscheltiere auch nicht. Nur am Kuscheltiertag, das ist immer Dienstag. Und Dienstag ist heute ja nicht.

»Heute *will* ich Karotten«, sagt Linnea und legt ihre Linni auf den Tisch. »Das sind Vitamine. Die muss man ja essen.« Mama lacht. »Das hätte ich ja kaum zu hoffen gewagt, dass du so schnell vernünftig wirst, Linnea!«, sagt sie. »Aber heute kommst du noch mal ungeschoren davon. Ich hab keine Karotten mehr. Heute kriegst du aus-

nahmsweise mal eine Milchschnitte mit«, und Mama wartet,
ob Linnea sich freut.
Das tut Linnea aber überhaupt
nicht.
»Milchschnitte, igitt!«, sagt sie
böse. »Das ist ja lauter Süßkram,
weißt du das nicht? Da kriegt
man schwarze Zähne!«
»Ja, soll ich sie hier lassen?«, sagt Mama und guckt ver-
wirrt. »Ich will dich bestimmt nicht zu Süßigkeiten
zwingen.«
Aber da hat Linnea die Milchschnitte schon in ihren
Rucksack gepackt.
»Du bist ja nur geizig«, sagt sie zu Mama
und guckt Magnus an, und da weiß er,
dass Linnea bestimmt schon wieder
eine Idee hat.
»Du holst mich ja ab, Magnus«, sagt
Linnea. »Punkt zwölf«, und dabei hat
sie doch gar keine Ahnung von der Uhr.
»Nein, heute kann ich dich holen«,
sagt Mama. »Heute mach ich
früher Schluss.«
Aber da wird Linnea nun wirklich böse.

»Wenn ich doch sag, das soll Magnus?«, sagt sie und vor lauter Ärger stellt sie sich direkt vor Mamas Beine.

»Wenn ich das doch aber will?«

Mama schüttelt den Kopf.

»Heute ist ein Tag der Wunder!«, sagt sie. »Erst lieber Karotten als Milchschnitte und dann lieber von Magnus abgeholt werden als von mir! Wo ihr euch sonst immer streitet!«

»Siehst du mal!«, sagt Linnea.

Nur Anna guckt ein bisschen misstrauisch. »Sag mal, warum, Linnea, los!«, sagt Anna. »Warum soll Magnus dich holen?«

»Weil!«, sagt Linnea und starrt Anna kämpferisch an. »Geht dich gar nichts an, Dummi!«

Da sagt Magnus schnell, dass Linnea und er ein Geheimnis haben, aber es ist kein *gefährliches* Geheimnis, das kann er versprechen. Es ist bloß ein *schönes* Geheimnis.

»Hat es mit Ostern zu tun?«, fragt Mama ganz lieb, und da weiß Magnus natürlich, dass Mama glaubt, er will mit Linnea ein Ostergeschenk für sie basteln. Für sie und vielleicht auch für Papa. Und das will er ja nicht.

Aber Ostern kommt immer der Osterhase und Hasen sind fast wie Kaninchen. Und wenn Magnus und Linnea nach der Schule ein Kaninchen besuchen wollen, dann hat das also auch was mit Ostern zu tun.

»Ein bisschen«, sagt Magnus darum, und er ärgert sich,

  dass er fast ein schlechtes Gewissen hat, als ob er schwindelt. »Ein *bisschen* hat das mit Ostern zu tun.« Mama lacht. »Dann will ich auch gar nicht weiter fragen«, sagt sie.

»Ihr habt doch nicht vergessen, dass ihr dieses Jahr Ostern bei eurem Vater in Bremen seid?«

Magnus schüttelt den Kopf. An solche Sachen will er jetzt gar nicht denken.

»Okay, ich hol dich ab«, sagt er zu Linnea.

Anna guckt ihn lange an. »Ich trau den beiden nicht, Mama«, sagt sie dann. »Die machen bestimmt wieder Scheiß.«

Aber Mama legt ihr eine Hand auf den Arm.

»Nun lass die beiden mal, Anna«, sagt sie. »Du warst auch mal jünger.«

Da steckt Linnea Anna die Zunge raus.

Alle Kaninchen heißen Wuschel

Als Magnus zum Kindergarten kommt, steht Linnea
schon mit ihrem Rucksack auf dem Rücken an der Tür.
»Beeil dich mal, Magnus!«, sagt sie böse. »Der wartet
doch schon!«
Und natürlich weiß Magnus sofort, wen sie meint.
Aber Magnus sagt, zuerst muss Linnea noch »Tschüs«
und »Frohe Ostern« zu Frau Dieckmann sagen.
»Weil morgen doch Ostern schon anfängt!«, sagt Magnus.
»Da wünscht man sich ein schönes Osterfest.«
Linnea tippt sich an die Stirn.
»Ostern gibt es ja gar nicht, du Dummi!«, sagt sie. »Sagt
Erdem! Und den Osterhasen auch nicht, sag ich dir
mal!«
»Quatsch!«, sagt Magnus erschrocken, aber Linnea redet
schon weiter.
»Das sagen ja alle!«, sagt sie kämpferisch. »Den gibt das
gar nicht, den Osterhasen! Da siehst du mal!«
Aber da kommt zum Glück Frau Dieckmann aus der Nil-
pferdgruppe und sagt »Nanu, nanu, was ist denn hier los«,

und Magnus sagt »Frohe Ostern im Voraus« und ob sie
bitte die Tür aufmachen kann.

Das macht Frau Dieckmann auch und dabei strubbelt sie
Linnea durchs Haar.

»Und du musst nicht immer alles glauben, was die an-
dern so reden«, sagt sie geheimnisvoll. »Vom Osterhasen.
Warte mal ab! Vielleicht bist du ganz überrascht!«

Aber Linnea kneift nur die Lippen zusammen und antwortet nicht.

»Die denkt wohl, ich bin noch ein Baby«, sagt sie zu Magnus, als die Kindergartentür hinter ihnen ins Schloss
gefallen ist. »Das denkt die aber nur.«

Da gibt Magnus gar keine Antwort und geht nur
ein kleines bisschen schneller. Schließlich wollen
sie ja zu ihrem Kaninchen.

Als sie schon fast an den gelben großen
Häusern vorbei sind und man sogar schon
den Zaun und den Garten und das
kleine weiße Haus sehen kann,
stupst Linnea Magnus in die Seite.

»Magnus, weißt du was?«, sagt sie
aufgeregt. »Das heißt Wuschel,
das Kaninchen.«

Magnus guckt sie verblüfft an.

»Woher weißt du das?«, fragt er.

Linnea tippt sich gegen die Stirn.

»*Alle* Kaninchen heißen Wuschel!«, sagt sie energisch.
»Kalle sagt das, der hat eins. Das heißt Wuschel, da siehst
du mal.«

»Aber deshalb müssen doch nicht *alle* so heißen!«, sagt
Magnus und schüttelt den Kopf. Da weiß er zufällig
genau Bescheid. Die blöde Katja hat schließlich sogar
zwei Kaninchen und eins davon heißt Boris und eins
heißt Oskar. Und Wuschel heißt keins.

»Du bist ja dumm, Magnus«, sagt Linnea und bleibt stehen. »Kalle hat ja schon mal eins gehabt! Das heißte auch
so!«

»*Hieß*«, sagt Magnus und schnaubt. »Das *hieß* auch so.«
»Siehst du mal«, sagt Linnea zufrieden. »Und meins heißt
auch so. Wuschel heißt das. *Schwarzer* Wuschel.«

Magnus denkt nach. *Schwarzer Wuschel*, das klingt eigentlich ganz schön. Ein bisschen geheimnisvoll klingt es,
aber auch lieb und weich. Und tausendmal besser als
Boris.

»Schwarzer Wuschel«, sagt Magnus nachdenklich.
»Das ist doch sonst traurig!«, sagt Linnea bestimmt.
»Wenn es nicht heißt. Jeder muss heißen.«

»Schwarzer Wuschel, okay«, sagt Magnus.
»Ich hab mein Brot nicht gegessen.«
Da wird Linnea ganz vergnügt.
»Und guck mal, was *ich* hab!«,
schreit sie und reißt sich ihren

Rucksack von der Schulter. »Da glotzt du aber!«
Und das tut Magnus tatsächlich. Weil in Linneas Ruck-
sack nämlich Karotten liegen, klein geschnittene, ge-
schälte Karotten, so viele, dass bestimmt kein Kaninchen
der Welt sie alle aufessen kann.
»Wo hast du die denn her?«, fragt er verblüfft.
Linnea hüpft auf einem Bein. »Getauscht!«, sagt sie.
»Dummi!«
Und da ist die Sache ja klar. Im Kindergarten haben
immer ganz viele Kinder Karotten mit, das weiß
Magnus auch. Weil Mütter finden, dass Karotten gesund
sind.
Aber Milchschnitten haben nicht so viele Kinder mit, weil
Mütter die nicht so gesund finden, und darum kann man
die bestimmt gut tauschen.
»Einmal beißen«, sagt Linnea. »Einen ganz kleinen Haps.

Das hab ich erlaubt.
Da hab ich die alle ge-
kriegt.«
»Das war gut von dir,
Linnea«, sagt Magnus.
Das weiß ja jeder, dass
Kaninchen am liebsten
Karotten mögen.
Schwarzer Wuschel
bestimmt auch.

Kaninchen werden spillerig

Dann stehen Linnea und Magnus am Zaun und gucken in den Garten, wo die Hühner zwischen den Zwergen am Boden picken, und hinten am Haus steht der Kaninchenstall, und wenn man ganz genau hinguckt, kann man hinter dem Gitter die weißen Ohren erkennen.

»Du musst zuerst, Magnus!«, sagt Linnea und gibt ihm einen kleinen Schubs. »Du bist ja schon größer.«

Und dann geht sie zur Pforte und hebt die komische kleine Klinke mit dem Knopf als Griff hoch, und da schwingt die Pforte ganz von alleine ein kleines Stück auf, bis sie von einem Grasbüschel angehalten wird.

»Geh du mal zuerst, Magnus. Ich bin nicht so stark.«

Da guckt Magnus auf die Pforte und auf den Garten und denkt, dass er darüber gar nicht richtig nachgedacht hat. Wenn sie ihr Kaninchen füttern wollen, müssen sie durch einen fremden Garten, und das ist nicht erlaubt.

Gestern war es nicht erlaubt, weil der Mann *da* war, und das war vielleicht ein Verbrecher. Und heute ist es nicht erlaubt, weil der Mann *nicht da* ist, und wenn sie dann

einfach in seinen Garten gehen, ist es ein bisschen wie
Einbrechen. Und das darf man ja auch nicht.
Am allerbesten wäre es natürlich, wenn Schwarzer
Wuschel im Garten herumlaufen würde wie die
Hühner. Dann würde er zum Zaun gehoppelt kommen
und Magnus und Linnea könnten ihn füttern. Aber so
geht das eben grade nicht.
»Man darf nicht einfach in fremde Gärten gehen,
Linnea!«, sagt Magnus deshalb. »Das weißt du doch.
Das machen nur Einbrecher.«

Linnea starrt ihn an.
»Das ist ja kein *fremder* Garten!«, sagt
sie energisch. »Ich kenn den Mann
ja!« Und dann sieht sie wohl,
dass sie reden kann, so viel sie
will, Magnus kriegt sie trotzdem
nicht rum, und da reißt sie ihren kleinen Mund auf und
fängt an zu brüllen.
»Ma-hann!«, brüllt Linnea. »Komm mal raus, Mann! Ich
hab was!«
Magnus zieht sie ganz erschrocken von der Pforte weg.
»Du kannst doch nicht einfach *Mann* schreien, Linnea!«,
sagt er beschwörend. »Ganz ohne Namen! Das ist nicht
höflich!«
»Bei dem kann ich das!«, sagt Linnea bestimmt. »Der
findet Namen ja blöd«, und sie will schon wieder ihren

Mund aufreißen. Aber Magnus hält ihr schnell seine Hand davor.

»Nein, das geht nicht, Linnea!«, sagt er beschwörend. Hinter seiner Hand klingt Linneas Stimme wie wildes Gegurgel und sie zerrt wie verrückt an seinem Arm, damit er ihren Mund freigibt.

Und dann ist das ganze Geschrei plötzlich überflüssig geworden. Weil hinten im Garten nämlich die Haustür aufgeht und der alte Mann seinen Kopf nach draußen steckt. Vielleicht hat er Linneas Gebrülle gehört, und vielleicht wollte er sowieso nur mal kurz Luft schnappen. Aber jetzt ist er jedenfalls draußen und Linnea reißt sich los und schreit noch ein allerletztes Mal. »Hier sind wir, Mann!«, schreit Linnea. »Wir haben was für dich!«

Und da sieht der Mann die beiden Kinder an seinem Zaun und kommt zu ihnen, und fast könnte man glauben, dass er dabei ganz vergnügt aussieht.

»Du darfst nicht einfach *du* zu ihm sagen«, flüstert

Magnus. »Und man sagt außerdem *Herr*!«

»Dann kann ich ja gar nicht mit ihm reden«, sagt Linnea böse und winkt dem Mann entgegen. »Hallo, Herr Mann! Wir haben Karotten!«

Da ist der Mann bei ihnen angekommen.

»Ach, ihr seid das wieder«, sagt er freundlich und Magnus überlegt, ob der Mann jetzt immer noch ein *fremder* Mann ist oder ob man heute vielleicht schon mit ihm in den Garten gehen darf.

»Aber nun schreit mal nicht so«, sagt der Mann. »Da kriegen meine Hühner ja Angst. Und dann legen sie nicht.«

»Legen die dann nicht?«, fragt Linnea interessiert. »Was legen die dann nicht, Herr Mann?«

Der Mann lacht. »Ich heiß Kröger«, sagt er. »Das kannst du sagen, mein Lütten.«

Linnea nickt. »Siehst du, du willst doch einen Namen

haben«, sagt sie zufrieden.
Aber der Mann versteht nicht, was
sie meint.
»Die legen Eier, mein Lütten«, sagt
er und zeigt in den Garten, wo die
Hühner ganz friedlich vor sich hin picken. »Die Hühner.
Da hab ich sie ja für.«
Linnea guckt ihn einen Augenblick nachdenklich an,
dann tippt sie sich gegen die Stirn.
»Haha, mich legst du aber nicht rein!«, sagt sie schlau.
»Das gibt das ja gar nicht! Osterhasen gibt
das nicht und Hühner auch nicht! Die Eier
legen!« Und sie guckt dem Mann fest in
die Augen. »Das ist ja für Babys!«, sagt
sie dann. »Die Eier sind aus dem Geschäft, Dummi. In so wobbeligen
Kartons. Mich legst du nicht rein.«
»Linnea!«, sagt Magnus erschrocken. »Du darfst zu fremden Leuten doch nicht Dummi sagen! Und außerdem
stimmt das in echt. Die Hühner legen die Eier. Bloß nicht
die Hähne.«
Der Mann nickt. »Siehst du, du weißt das«, sagt er zu
Magnus. »Nun ist das ja schade, dass ihr nicht reinkom-
men könnt. Sonst könnte ich euch mal den Busch zeigen,
unter den Hermine immer ihre Eier legt. Aber so geht das
ja nicht.«

»Nee, so geht das ja nicht«, sagt Magnus bedauernd. Er möchte wirklich gerne wissen, wann ein Mann kein fremder Mann mehr ist. Dass man endlich zu ihm in den Garten darf.

»Am besten, ihr kommt morgen mal mit euren Eltern vorbei«, sagt der Mann, »und stellt mich in aller Form vor. Dann zeig ich euch Hermines Busch.«

»Wir müssen ja nach Bremen fahren«, sagt Magnus düster. »Morgen. Zu Papa. Da geht das ja nicht.«

»Nee, dann geht das wohl nicht«, sagt der Mann und zuckt die Achseln. »Wenn ihr wieder kommt, dann«, und er will sich schon umdrehen und zu seinem Haus zurückgehen.

Aber das wäre doch zu schade, wenn Linnea jetzt im Kindergarten die ganzen Karotten umsonst eingetauscht hätte!

»Hallo!«, ruft Magnus. So leise, dass die Hühner keinen Schrecken kriegen, aber laut genug, dass der Mann ihn noch hören kann. »Hallo, wir haben was für Ihr Kaninchen!«

Der Mann kommt verblüfft zurück zum Zaun. »Für mein Kaninchen?«, sagt er. »Ja, was denn?«

Da hält Linnea ihren Rucksack auf und der Mann beugt sich über den Zaun und Magnus kann ganz genau sehen, dass ihn das anstrengt. Alte Leute mögen sich ja nicht mehr so gerne bücken.

»Lauter Wurzeln, na so was!«, sagt der Mann. »Aber die hat deine Mutter dir doch bestimmt nicht gegeben, dass du sie verfütterst. Die hat deine Mutter dir doch bestimmt gegeben, damit du sie selber essen sollst.«

»Hat sie gar nicht!«, sagt Linnea bestimmt. »Hat sie mir gar nicht mitgegeben, oder, Magnus? Das schwör ich auf meinen Tod.« Und sie hält ihre Hand in die Luft direkt vor den Mann und knickt den Daumen weg.

»Ja, so«, sagt der Mann. »Wenn du das schwören kannst, mein Lütten.«

»Das stimmt!«, ruft Magnus. »Das stimmt wirklich, dass

Mama die nicht zum Essen mitgegeben hat! Ich schwör das auch!«

Da ächzt der Mann wieder ein bisschen und sagt, jaja, in seinen Garten kommen wollen sie nicht, und dass *er* dem Kaninchen die Wurzeln gibt, wollen sie bestimmt auch nicht.

»Nee, du musst ihn schon holen«, sagt Linnea freundlich. »Sonst geht das ja nicht.«

Da nickt der Mann und seufzt ein bisschen und sagt, aber nur, weil sie zwei so gut erzogene Kinder sind, und dann geht er wirklich wieder zum Käfig und holt Schwarzer Wuschel und trägt ihn zum Zaun.

»Schwarzer Wuschel!«, flüstert Magnus und hält ein Stück Karotte unter die schnupperige Nase. »Komm, friss, Schwarzer Wuschel, ist extra für dich!«

»Ich will auch!«, schreit Linnea. »Das sind meine Karotten!«

Und der Mann sagt, wenn sie immer so schreien, kriegt das Kaninchen Angst und fängt an zu zappeln. Und dann muss es zurück in den Käfig.

Und weil sie das nicht wollen, hören Magnus und Linnea lieber auf, sich zu streiten, und geben Schwarzer Wuschel immer abwechselnd ein Stück Karotte, aber Magnus merkt ganz genau, dass Wuschel es von ihm am liebsten nimmt. Bestimmt kennt der ihn jetzt schon.

»So, nun ist aber genug«, sagt der Mann, als sie noch nicht mal die Hälfte verfüttert haben. »Noch länger kann ich ihn nicht halten.«

Aber da wird Linnea böse.

»Das sind Vitamine, weißt du das nicht?«, schreit sie. »Die *muss* man essen. Und Zähne putzen muss man auch«, und jetzt guckt sie so nachdenklich, dass Magnus weiß, sie überlegt, wie ein Kaninchen das hinkriegen kann.

Aber dem Mann sind Vitamine ganz egal.

»Genug ist genug«, sagt er und dreht sich um. »Mir tut ja schon der Rücken weh!« Und er trägt Schwarzer Wuschel zurück in seinen Käfig.

»Du kannst ihn doch einfach runtersetzen, Mann!«, schreit Linnea, dass die Hühner vor Schreck weit auseinander stieben. »Lass den doch mal laufen!«

Aber da hat der Mann schon die Käfigtür hinter Schwarzer Wuschel zugehakt.

»Und was machen wir jetzt mit meinen Karotten?«, schreit Linnea wieder.

Da ist der Mann wieder bei ihnen am Zaun.

»Den lässt man nicht laufen, mein Lütten«, sagt er freundlich. »Kaninchen lässt man nicht laufen. Hühner, die ja. Da werden die Eier besser. Aber Kaninchen, die nicht. Da werden die sonst bloß spillerig.«

Aber Linnea hört ihm gar nicht mehr zu. »Der will auch gerne mal rennen!«, schreit sie. »Weißt du ja gar nicht!«

Da sieht Magnus erschrocken, dass der Mann jetzt ungeduldig wird. Und wenn er böse auf sie ist, dürfen sie vielleicht nicht mehr wieder kommen.

»Vielen Dank fürs Füttern«, sagt Magnus darum schnell und hält dem Mann seine Hand hin. »Wir kommen mal mit Mama. Wenn Ostern vorbei ist«, und er schüttelt dem Mann die Hand. Da sieht der zum Glück schon wieder ganz freundlich aus.

»Das tut man, ihr beiden«, sagt er. »Hoffentlich ist der Osterhase fleißig«, und jetzt verschwindet er endgültig in seinem kleinen weißen Haus.

Linnea starrt ihm nach.

»Nee, der wollte uns aber schon wieder reinlegen, was?«, sagt sie und schleift ihren Rucksack am Träger hinter sich her. »Der blöde Mann. Ich zeig dir im Geschäft mal die Eier.«

Wer ist denn nun der Osterhase?

Als sie am Samstag bei Papa im Auto sitzen und über die
Autobahn nach Bremen brausen, scheint die ganze Zeit
die Sonne.

»Na, so ein Osterwetter«, sagt Papa und dreht beim Fahren ganz gefährlich den Kopf nach hinten, wo Linnea
sitzt. »Da legt der Hase seine Eier ja vielleicht sogar
draußen!«

Aber Linnea kneift nur die Lippen zusammen und
Magnus kann sowieso nicht antworten. Er muss auf
den Weiden die Kühe angucken, die in diesem Jahr
schon so früh draußen sein dürfen, weil die Sonne
scheint; und Anna redet sowieso nie so ganz viel mit
Papa.

»Oder möchtest du das gar nicht, Linnea?«, fragt Papa
wieder. »Dass der die Eier draußen für dich legt?
Sammelst du lieber im Zimmer?«

Da merkt Linnea wohl, dass Papa nicht aufhört mit seinem Osterhasen-Gerede, wenn sie ihm nicht antwortet,
und darum sagt sie ihm jetzt mal Bescheid.

»Das gibt gar keinen Osterhasen, weißt du das nicht?«,
sagt sie böse. »Das wissen ja alle! Nur die Babys wissen
das nicht.«

»Nee?«, sagt Papa verblüfft. »Also ich wusste das eigentlich bisher auch noch nicht. Ich hab immer gedacht, da
kommt so ein kleiner brauner Hase gehoppelt . . .«

»Oder die Hühner, was?«, sagt Linnea. »Du
bist ja aber *richtig* dumm! Erdem sagt das
und Kai aus der Vorschul-
gruppe sagt das auch.

Osterhase ist nur für Babys.«
Anna guckt Linnea unruhig an.

»Und wer bringt dir dann immer die Eier?«, fragt sie.
»Wenn es den Osterhasen gar nicht gibt?«
Und darüber hat Linnea wohl noch überhaupt nicht
nachgedacht. Jedenfalls ist sie jetzt still.
Aber dann fällt es ihr doch plötzlich ein. »Frau Frohwin-
kel bringt die!«, sagt Linnea. »Aus dem
dritten Stock. Die bringt immer die
Eier«, und dann lehnt sie sich ganz
zufrieden zurück und lässt ihre
Linni aus dem Fenster gucken,

weil jetzt doch auch das letzte Rätsel gelöst ist.

Und so könnte es ja wirklich auch sein, denkt Magnus. Frau Frohwinkel könnte ja wirklich die Ostereier-Bringerin sein, das ist gar nicht so dumm. Weil Frau Frohwinkel näm-lich auch zum Nikolaustag und zum Geburtstag immer eine kleine Plastiktüte vor die Wohnungstür stellt, da sind Süßigkeiten drin. Vielleicht macht sie da Ostern auch die Nester.

»Frau Frohwinkel, du spinnst ja!«, sagt Anna böse. »Und wie soll die in unsere Wohnung kommen? Wenn doch die Eier immer da versteckt sind? Den Osterhasen gibt es, Linnea. Das musst du schon glauben.«

Aber so schnell kann man Linnea nicht überzeugen. »Die hat ja von Mama einen Schlüssel!«, sagt sie kämpferisch. »Da kommt sie nachts reingeschlichen! Wenn das dunkel ist!«

Und auch als Anna durch die Nase schnaubt und sagt, haha, jetzt ist Linnea aber wirklich ein Baby, weil sie den blöden Jungs aus der Vorschulgruppe alles glaubt, kneift Linnea nur wieder die Lippen zusammen.

»Wirst du ja sehen«, sagt sie dann. »In Bremen, da kann Frau Frohwinkel das ja nicht machen. Wirst du ja sehen, dass Frau Frohwinkel dir dieses Jahr nichts bringt«, und

dann redet sie nicht weiter über das Thema.

Nur Magnus, dem ist jetzt noch etwas eingefallen und dabei kriegt er gleich wieder so ein gutes Gefühl. Und darum will er das Papa jetzt schnell erzählen.

»Wir kennen auch einen Hasen«, sagt Magnus. »Du, Papa. Linnea und ich.«

Aber Papa muss sich gerade über einen Raser ärgern, der mit der Lichthupe versucht Papas Auto auf die rechte Spur zu scheuchen.

»So ein Idiot!«, sagt Papa wütend und dreht das Lenkrad nach rechts.

Da erzählt Magnus doch nichts mehr.

Ostern ohne Ostereier

Wenn Ostern ist oder Geburtstag oder Weihnachten,
wacht Magnus immer so furchtbar früh auf.
Eigentlich will er das gar nicht, aber gegen Aufwachen
kann man nichts machen. Nicht, wenn man so fürchterlich aufgeregt ist wie am Geburtstag oder zu Ostern. Weil
es da doch immer Geschenke gibt, man weiß nur noch
nicht, was.
Darum liegt Magnus jetzt auch bei Papa in Bremen in
seinem Gästebett und wälzt sich unter seiner Decke.
Draußen ist es noch dunkel und aus dem Schlafzimmer
kommen Papas Schnarchgeräusche und Anna und Linnea
schlafen auch noch.
Da kann Magnus es einfach nicht mehr aushalten und
steigt ganz leise aus dem Bett. Natürlich soll man nicht
vorher gucken, was der Osterhase gebracht hat, aber zum
Klo darf man ja wohl gehen. Wenn man mal muss. Und
wenn man dabei vielleicht irgendwo Ostersachen blitzen
sieht, kann man schließlich gar nichts dafür.
Ganz, ganz leise schleicht sich Magnus zur Tür, und

ganz, ganz leise schleicht er über den Flur. Dafür, dass das Klo ganz am anderen Ende ist, kann er schließlich nichts. Da sieht er leider eben alles, was auf dem Flur versteckt ist, und durch die offene Wohnzimmertür gucken muss er im Vorbeigehen auch. Das ist eben so. Das ist ja nicht seine Schuld.

Ganz vorsichtig schult Magnus unter die Garderobe, und ganz vorsichtig schult Magnus unter den Schirmständer. Aber da ist gar nichts versteckt. Überhaupt nirgendwo ist was versteckt, und das kann doch eigentlich nicht sein, wo doch Ostern ist, und da gibt es immer was.

Magnus zieht die Klotür hinter sich zu und setzt sich gemütlich aufs Klo um nachzudenken. Genau. Es ist nur noch zu früh. Gleich geht er wieder ins Bett und wenn er dann aufwacht, ist bestimmt alles in Ordnung.

Aber dazu kommt Magnus nicht. Weil die Klotür nämlich plötzlich aufgerissen wird und vor ihm steht Linnea in ihrem Teddy-Nachthemd und hat ihre Linni auf dem Arm, die ist fast ganz nackt. Nur eine Windel hat sie natürlich um.

»Siehst du mal!«, sagt Linnea, und dass Magnus auf dem Klo sitzt, ist ihr wohl ganz egal. »Gar nichts hat sie

gebracht! Hab ich doch gesagt.« Sie zupft an ihrem Nachthemd. »Frau Frohwinkel weiß ja nicht, dass wir bei Papa sind«, sagt Linnea. »Da kann sie uns auch nichts bringen. Schlüssel hat sie ja auch keinen.«

»Hast du etwa überall nachgeguckt?«, flüstert Magnus. »Das soll man doch nicht.«

Linnea guckt ihn an. »Ich muss auch mal«, sagt sie dann und trampelt von einem Fuß auf den anderen.

Da steht plötzlich Papa auf dem Flur und sieht ganz verstrubbelt aus und fragt, was verdammt denn hier los ist. Auch wenn Ostern ist, ist schließlich Sonntag, und da möchten hart arbeitende Menschen endlich mal ausschlafen dürfen.

»Arbeitest du hart?«, fragt Linnea und guckt Papa nachdenklich an. »Ich denk, du machst immer nur Computer?«

»Mir ist das hart genug, vielen Dank«, sagt Papa und gähnt. »Los, los, zurück in die Betten! Ihr seht doch, er war noch nicht da!«

»*Sie* war noch nicht da«, sagt Linnea. »Und sie kommt auch nicht, glaub mir mal«, aber dann geht sie doch

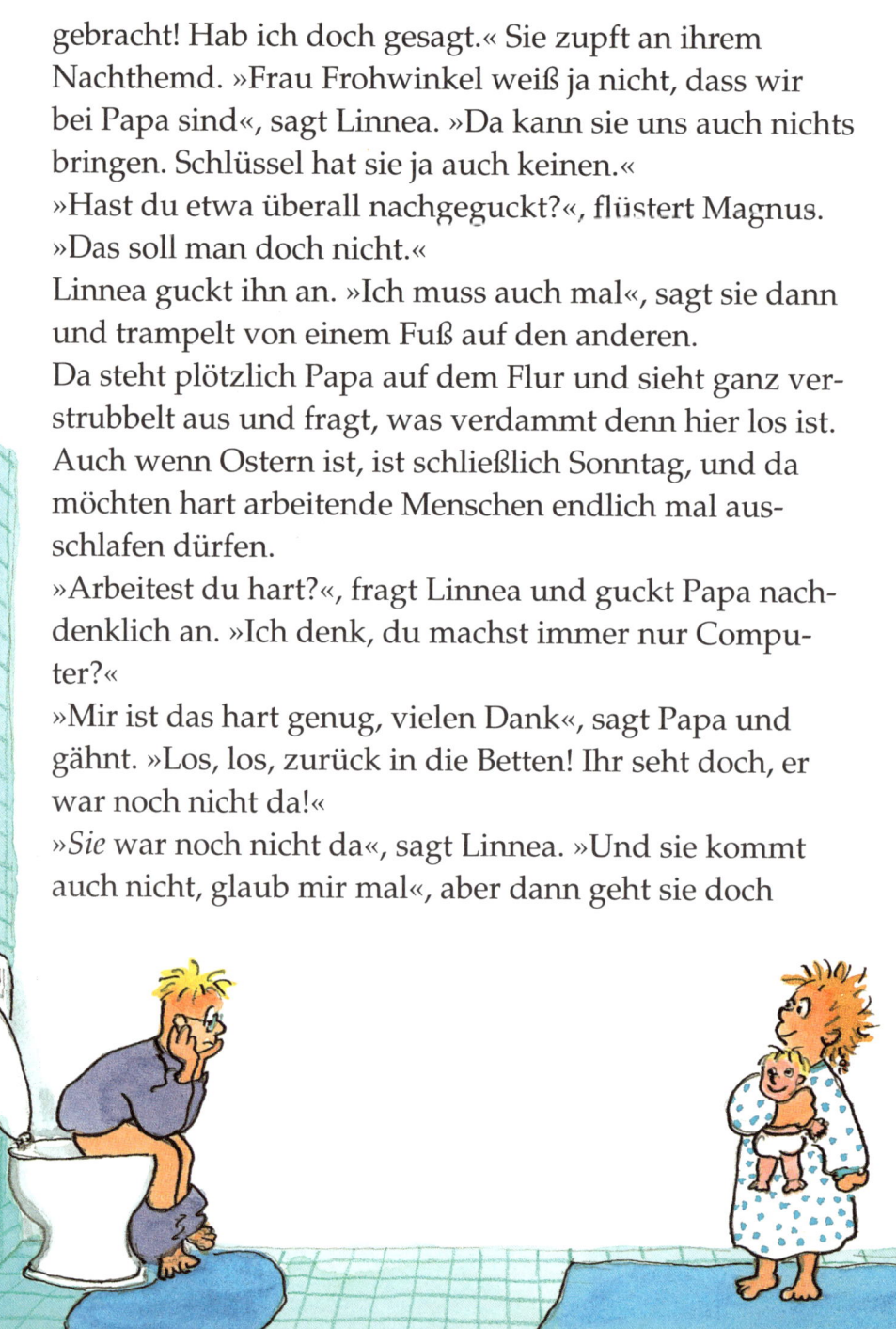

wieder in ihr Bett und Magnus geht auch.
Wenn sowieso keine Ostersachen da sind,
fühlt er sich plötzlich wieder ganz müde.
Als Magnus das nächste Mal aufwacht, ist
es hell, und Linnea steht vor seinem Klapp-
bett und zieht ihn an der Nase.
»Hab ich ja gesagt!«, schreit sie. »Überhaupt nichts Osteriges! Frau Frohwinkel
hat die Tüte bei Mama an die Klinke ge-
hängt und die klaut jetzt, wetten, der
kleine Erdem!«
»Quatsch!«, sagt Magnus, aber ein bisschen komisch ist es schon. Ostern muss es
Ostersachen geben, sonst ist es nicht richtig.
Und eigentlich wollte er gleich nicht so gerne
zu Papa nach Bremen, und Anna wollte das sowieso
nicht. Aber dass es gar keine Ostersachen gibt, das hätte
er doch nicht geglaubt.
Da steht plötzlich Papa mit einem ganz erschrockenen
Gesicht in der Tür. »Mein Gott, jetzt hab ich verschlafen!«,
sagt er. »Eigentlich wollte ich unbedingt noch . . .«, und
dabei guckt er Anna an und Anna guckt ganz böse
zurück.
»Der Hase war natürlich *nicht* da«, sagt sie mit so einer
komischen Betonung.
Papa fährt sich mit den Fingern durch die Haare. »Jaja,

seh ich auch schon«, sagt er zerknirscht. »Aber vielleicht . . . Wir können ja nach dem Frühstück mal in
den Park fahren, oder? Wo die Sonne so scheint.«
Er seufzt. »Vielleicht hat er ja da was versteckt.«
Linnea tippt sich gegen die Stirn. »Piep, picp, piep,
du spinnst ja«, sagt sie zufrieden. »Frau Frohwinkel krabbelt doch nicht durch die Büsche. Da ist
sie zu alt.«
Anna schwingt ihre Beine aus dem Bett.
»Wahrscheinlich hat Papa Recht«, sagt sie unfreundlich. »Wahrscheinlich war der Hase im
Park.« Und Magnus versteht überhaupt nicht,
warum sie sich dann nicht darauf freut.

Na klar gibt es den Osterhasen

Im Park sind bei dem schönen Wetter ziemlich viele Spa-
ziergänger unterwegs, aber Papa sagt, die Kinder brauchen wirklich nicht mit ihm rumzulaufen. Für Kinder ist
spazieren gehen ja langweilig. Die Kinder sollen mal
schön auf den Spielplatz gehen und spielen, und er geht
allein ein bisschen spazieren und genießt das schöne
Wetter. Für ihn ist der *Spielplatz* ja langweilig.
»Und warum hast du deine große Tasche mit?«, fragt
Linnea neugierig. »Beim Spazierengehen?«
Papa guckt Anna unruhig an. »Da ist doch mein Laptop
drin«, sagt er dann. »Und wenn ich eine schöne Bank
finde, setz ich mich dahin und dann arbeite ich ein bisschen.«
»Ja, lasst Papa mal arbeiten«, sagt Anna. »Und wir gehen
schön auf den Spielplatz.« Und dann rennt sie zu den
Schaukeln und Magnus rennt hinter ihr her und Linnea
brüllt die ganze Zeit: »Anhalten! Anhalten! Meine Linni
kann nicht so schnell!«
Die Schaukeln sind natürlich besetzt und auch an der

Rutsche ist ziemliches Gedrängel. Bei dem schönen Wetter sind wohl viele Eltern mit ihren Kindern in den Park gegangen, aber Magnus sieht, dass die sich alle keinen Laptop mitgebracht haben. Und die Kinder haben bestimmt auch alle längst ihre Ostersachen gekriegt. Bei manchen ist sogar der Mund noch verschmiert.

Nur wir haben natürlich kein richtiges Ostern, denkt Magnus böse. Keine Ostereier und jetzt spielt Papa nicht mal mit uns, sondern muss mit seinem Laptop durch die Gegend rennen. Das hat Magnus ja gleich gewusst, dass Ostern in Bremen nicht richtig werden kann.

Und dann passiert etwas Ungeheuerliches.

»Der Osterhase!«, schreit Linnea plötzlich und springt die Rutschenstufen nach unten. »Dahinten ist der Osterhase!« Und dann rennt sie an der Sandkiste vorbei und zu den Bänken, wo hinter einem kleinen Gebüsch der Rasen anfängt, und da sieht Magnus ihn auch. Auf dem Rasen sitzt ein kleines Kaninchen, ein richtiges braunes, wie der Osterhase sein soll, und guckt erschrocken zum Spielplatz. Dann verschwindet es wie der Blitz im Gebüsch.

»Der Osterhase!«, flüstert Linnea andächtig. »Der war das.«

»Ja, der war das, kann sein«, flüstert Magnus auch und guckt zu Anna, und Anna lächelt ganz zufrieden.

»Na bitte, was hab ich gesagt«, sagt sie zu Linnea. »Aber du wolltest mir ja nicht glauben.«

»Der Osterhase, bestimmt!«, sagt Linnea ganz aufgeregt. »Der war das doch, oder?«

»Das werden wir ja gleich sehen«, sagt Anna. »Wenn er das war, hat er auch was versteckt.«

»Der *hat* was versteckt!«, schreit Linnea und fängt schon an zu suchen. »Jetzt hat er was versteckt!«, und Magnus will sich fast auch schon auf die Knie schmeißen.

Aber da fühlt er plötzlich eine Hand auf seiner Schulter.

»Na, habt ihr schön gespielt?«, fragt Papa. »Ich glaube, jetzt habt ihr aber genug gespielt. Ich glaube, jetzt könnt ihr doch noch ein bisschen mit mir spazieren gehen.«

Aber das können sie jetzt eben nicht.

»Der Osterhase war da!«, schreit Linnea. »Papa, der Osterhase war da!« Und dann verschwindet ihr Po schon wieder im Gebüsch.

»Der Osterhase?«, sagt Papa erstaunt. »Ja, das hab ich
euch doch gesagt. Aber nun solltet ihr wirklich mit mir
mitkommen. Jetzt habt ihr genug gespielt.«
»Der hat doch hier seine Eier versteckt, verstehst du das
nicht!«, schreit Linnea. »Komm, Magnus, du darfst auch
mit suchen! Der hat doch hier seine Eier . . .«
Aber Papa hält Magnus ganz fest.
»Also, das glaube ich wirklich nicht, Linnea!«, sagt er entschieden. »Dass der hier seine Eier versteckt hat. Also,
ich glaube, dahinten im Park, wo ich gerade spazieren
gegangen bin, da hat der das gemacht. Da ist es viel
schöner für Hasen.«
Aber Linnea hört ihm gar nicht zu.
»Hat der gar nicht, du Dummi!«, schreit sie aus dem
Gebüsch. »Hier hat der das!« Und sie biegt die Zweige
auseinander und schiebt mit den Füßen kleine Trink-
tüten und Kaugummipapiere zur Seite und sogar die
Plastikhülle von einem Überraschungsei hebt sie auf.
Aber ein Osternest findet sie nicht.
Da mischt sich Anna endlich ein.
»Weißt du, Linnea«, sagt sie und bückt sich dabei, damit
sie nicht zu Linnea runterbrüllen muss, die immer noch
durchs Gebüsch krabbelt, »ich glaub wirklich, Papa hat
Recht. Weißt du, was ich glaube?«
»Will ich gar nicht wissen!«, schreit Linnea. Langsam
wird sie bestimmt ungeduldig. Jetzt sucht sie schon so

lange und hat immer noch nichts gefunden.

»Ich glaube, der *wollte* hier nichts verstecken«, sagt Anna und zupft Linnea an ihrer Jacke. »Guck, hier sind ja so viele Kinder! Und nachher finden *die* unsere Nester! Und dabei haben die ja schon alle ihre Ostersachen gekriegt.« Linnea steht auf.

»Ja?«, sagt sie nachdenklich.

»Na logisch!«, sagt Anna. »Und da hat sich der Osterhase gedacht: Ich versteck die woanders im Park. Wo nicht so viele falsche Kinder sind.«

»Ja, glaubst du das, Anna?«, sagt Linnea. »Und warum war der dann hier? Wenn der keine Eier versteckt hat?«

Und diesmal weiß Magnus die Antwort. »Um uns Bescheid zu sagen!«, ruft er. »Dass wir suchen sollen! Du wolltest ja nicht. Du hast ja immer von deiner blöden Frau Frohwinkel geredet.«

»Genau«, sagt Anna und lächelt Magnus an. »So ist das.« Da seufzt Linnea ein bisschen und kommt aus dem Gebüsch.

»Aber wo denn?«, fragt sie ängstlich. »Das ist hier ja so groß!«

Da nimmt Papa ihre Hand.

»Ich glaub, ich weiß schon, wo«, sagt er.

Und da wird Ostern doch noch schön

Ganz auf der anderen Seite vom Park, die man vom
Spielplatz überhaupt nicht sehen kann, steht eine kleine
alte Frau im grauen Mantel und guckt ihnen entgegen.
»Ja, dann kann ich wohl jetzt gehen«, sagt sie zu Papa
und streicht Linnea dabei über den Kopf, als ob sie sie
kennt. »Es ist alles in Ordnung.«
»Was ist in Ordnung?«, fragt Linnea.
Papa lächelt die Frau an.
»Vielen Dank«, sagt er, »das war sehr freundlich.«
»Was war sehr freundlich?«, fragt Linnea. Aber bevor die
Frau antworten kann, spricht Anna schon mit ihr.
»Haben Sie hier vielleicht einen Hasen gesehen?«, fragt
sie. »Eben gerade?«
Die Frau guckt erstaunt, aber dann lächelt sie plötzlich.
»Hab ich, natürlich!«, sagt sie. »Wo heute doch Ostern ist.
Einen braunen, großen, der war sehr in Eile. Ich glaube,
das war wohl der Osterhase.«
»Das war der!«, schreit Linnea und reißt sich von Papas
Hand los. »Das war der bestimmt!«

Und dann ist sie schon unter einem Rhododendron-Strauch verschwunden.

»Komm, Magnus, such auch«, sagt Papa und gibt Magnus einen kleinen Stups. »Ich glaube, hier könnte was sein.«

Da guckt Magnus sich um, wo es am besten aussieht, und dann läuft er hinter Linnea her, zwischen den Bäumen durch und hinter die Sträucher, bis er Linnea rufen hört, und da sieht er es auch schon selber.

»Hier sind sie!«, schreit Linnea. »Ich hab sie gefunden!«

Und wirklich, da stehen die Nester, alle drei ganz dicht zusammen, wie der Osterhase es sonst nie macht, und sind knallvoll mit Ostereiern aus Schokolade und Marzipan und Krokant. Und daneben stehen drei große Schokoladenhasen und sehen aus, als wollten sie die Nester bewachen.

»Ich hab sie gefunden!«, schreit Linnea und ist so aufgeregt, dass sie das erste Ei fast mit dem Papier in den Mund gestopft hätte.

»Aber du kannst auch eins abhaben, Magnus.«

»Das ist ja sowieso für mich«, sagt Magnus und nimmt sich schnell ein Nest und einen Hasen.

»Und das da ist für Anna.«

Aber damit ist Linnea nun überhaupt nicht einverstanden.

»Ist das gar nicht!«, schreit sie böse. »Das da ist für Linni, dass du das weißt! Hab ich ja gefunden!«

Und jetzt ist auch Papa bei den Nestern angekommen und sagt, eigentlich glaubt er auch, dass der Osterhase das Nest für Anna vorgesehen hat. Puppen bringt er eigentlich nichts.

»Tut er doch!«, sagt Linnea und versucht auch noch das zweite Nest und den zweiten Hasen aufzuheben. »Lass Anna mal suchen. Die findet noch eins.«

Aber dann kann sie doch nicht alles tragen und Papa sagt, der Osterhase bringt ja nur solchen was, die das selber suchen können. Und selber wegtragen. Und selber essen. Und das kann Linni ja alles nicht.

Da denkt Linnea einen Augenblick nach, und dann sagt sie, dass Linni Anna das Nest vielleicht schenkt. Linni mag sowieso nicht so gerne Schokolade.

Und als sie zu Papas Wohnung zurückgehen, jeder mit einem Nest auf dem Arm, denkt Magnus, dass es doch noch ein richtiges Osterfest geworden ist. Und eigentlich ist Eier suchen im Park sogar schöner als Eier suchen in der Wohnung.

»Aber du hast nun gar nichts mit deinem Laptop gemacht, Papa«, sagt Magnus und streichelt Papas Ärmel. »Im Park. Das wolltest du doch.«

Da lacht Papa und bleibt stehen.

»Weißt du was, Magnus?«, sagt er. »Manchmal glaube ich echt, ich werde alt. Als ich mich dahinten auf die Bank gesetzt und meine Tasche aufgemacht hab, da hab ich erst gemerkt, dass ich den Laptop ja gar nicht eingepackt hab! So was stell dir mal vor!« Und zum Beweis öffnet er die große Tasche und lässt Magnus reingucken. Und wirklich, die Tasche ist leer.

»So was Dummes, oder?«, sagt Papa. »Aber vielleicht ja auch nicht. Wer weiß denn, ob ich beim Arbeiten den Hasen gesehen hätte, als er da längsgehoppelt ist. Und dann hättet ihr gar nicht gewusst, wo ihr suchen sollt.«

»Genau«, sagt Magnus zufrieden. Es ist doch schön, dass alles so gut geklappt hat.

»Und weißt du was, Magnus?«, sagt Linnea. »Wie das war? Das hat der Osterhase ja nicht gewusst, dass wir bei Papa sind. Und da hat er uns erst nichts gebracht.«

»Genau«, sagt Magnus.

»Und dann hat er uns im Park gesehen, und da hat der Osterhase gedacht: Oh, die sind ja in Bremen! Und da hat er uns gleich seine Nester versteckt.«

»Genau«, sagt Magnus wieder. »So war das.«

»Aber weißt du was, Magnus, wie das noch war?«, ruft Linnea aufgeregt. »Der hat ja gedacht, wir sind bei Mama! Da hat der da bestimmt auch was hingebracht.«
Der Gedanke ist Magnus noch gar nicht gekommen. Bestimmt hat Linnea Recht. In diesem Jahr gibt es vielleicht sogar zweimal Ostersachen. Das ist doch gar nicht so schlecht.
»Und weißt du was, Magnus, denk dir mal«, sagt Linnea und jetzt fängt sie sogar an zu hüpfen. »Osterhase finde ich besser als Frau Frohwinkel.«
Magnus nickt und kaut und schluckt. »Ich auch«, sagt er dann.

Kaninchen müssen flitzen

Tatsächlich hat der Osterhase zu Hause bei Mama auch
was gebracht, das ist sogar alles an verschiedenen Stellen
versteckt, und Frau Frohwinkel hat auch noch drei Tüten
vor die Tür gestellt. Da ist es ja endgültig klar, dass sie
nicht der Osterhase ist. Der *Osterhase* ist der Osterhase.
»Also das sag ich Erdem mal!«, sagt Linnea, als sie zufrieden in ihrem Bett liegt und die Zähne doppelt gründlich
geputzt hat. Weil sie doch so viel Süßes essen musste.
»Und dem blöden Kai aus der Vorschulgruppe. Die sind
ja balla-balla.«
Und das hat sie denen wirklich gesagt, sagt Linnea, als
Magnus sie am Dienstag vom Kindergarten abholt. Allen
Kindern hat sie im Morgenkreis von dem süßen braunen
Osterhasen in Bremen erzählt und Frau Dieckmann hat
gesagt, das war aber ein schönes Ostererlebnis.
Und im Kindergarten war der Hase sogar auch. Aber da
hat der Geizhals für jedes Kind nur *ein* Ei gebracht.
»Und weißt du was, Magnus, mit dem Mann?«, sagt Lin-
nea, als sie wieder zusammen ihren Geheimweg gehen.

Ihren Geheimweg zu ihrem geheimen Kaninchen. »Der weiß das ja gar nicht, der Mann. Die wollen doch rennen, nämlich. Die Hasen.«

»Ja?«, sagt Magnus. Leider versteht er nicht so richtig, was Linnea meint.

»Die wollen nicht immer nur im Stall sitzen, Magnus!«, sagt Linnea. »Der ist doch gestern so geflitzt, der Osterhase! Wutsch, schon war er weg. Das will Schwarzer Wuschel auch.«

Magnus überlegt. Natürlich hat der Mann gesagt, dass Rumlaufen nur für Hühner gut ist. Und nicht für Kaninchen. Weil sie sonst spillerig werden. Und was spillerig ist, hat Magnus keine Ahnung.

Aber vielleicht weiß der Mann ja doch nicht so gut Be-

scheid? Alles kann ja keiner wissen. Vielleicht hat er noch nie ein Kaninchen so flitzen sehen. Da weiß er nicht, dass es dem ganz egal ist, ob es spillerig wird. Niemand will doch jeden Tag nur in einem kleinen Holzkäfig sitzen, die ganze Zeit und immer. Das müsste der Mann doch verstehen.

»Wir könnten ihm das ja sagen«, sagt Magnus. »Und

dann lässt er ihn raus.«
Aber Linnea schüttelt entschieden den Kopf. »Das tut der nicht, der Doofe«, sagt sie bestimmt. »Der ist ja so blöde.«
Magnus guckt Linnea an. Sie ist natürlich noch klein, und vielleicht ist sie auch ein kleines bisschen dumm, aber diesmal hat sie eigentlich doch Recht. Wenn der Mann so alt ist und immer noch denkt, dass Kaninchen am liebsten im Käfig sind, dann glaubt er Magnus und Linnea bestimmt nicht, wenn sie ihm erzählen, dass Schwarzer Wuschel gerne mal flitzen will. Da ist sich Magnus ziemlich sicher.

»Aber *wir* machen das jetzt, Magnus«, sagt Linnea vergnügt. »Wir lassen ihn flitzen.«
Magnus starrt sie erschrocken an. »Nee!«, sagt er und jetzt bleibt er sogar stehen. »Nee, du, Linnea! Und wenn der dann abhaut?«
»Das macht der ja nicht«, sagt Linnea beruhigend, aber dann wirft sie doch ihre Stirn in Falten und grübelt.
»Vielleicht«, sagt sie dann. »Vielleicht haut der nicht ab.«
»Der ist doch viel schneller als wir!«, sagt Magnus und da sind sie schon am Zaun angekommen. Die Pforte steht sogar ein kleines bisschen offen. »Den fangen wir nie wieder ein.«

Linnea steht an der Pforte und guckt in den Garten.
»Nee?«, sagt sie und guckt auf die Hühner und die
Zwerge und Schneewittchen und das Reh. »Nee, schaffen
wir das nicht, Magnus?«

Magnus schüttelt den Kopf. An der Hauswand steht der
Käfig und durch das Gitter sieht man zwei weiße Ohren.
Da sitzt jetzt Schwarzer Wuschel ganz still und rührt sich
nicht und weiß noch nicht mal, dass die Welt groß ist und
interessant und voller Zwerge und Hühner. Das hat er ja
immer nur durch sein Gitter angeguckt. Bestimmt ist die
Welt für ihn nur wie Fernsehen.

»Armer Schwarzer Wuschel«, murmelt Magnus. Linnea
hat Recht, der möchte bestimmt gerne mal flitzen. Aber
Magnus hat auch Recht. Sie fangen ihn nie wieder ein.
»Das geht nicht, Linnea«, sagt Magnus und guckt auf die
Haustür, ob der Mann vielleicht kommt. »Nachher bud-
delt der ein Loch unter dem Zaun und läuft auf die
Straße. Und dann kommt ein Auto und dann weißt du
ja.«

Linnea legt ihre Hand auf die Pforte.
»Nicht sagen!«, ruft sie böse. »Du sollst das nicht
sagen!«

Aber Magnus will ihr ja auch gar nicht erzählen, was das
Auto mit Schwarzer Wuschel machen würde.
»Wir können das nicht, Linnea«, sagt Magnus und guckt
zum Käfig, wo sich die beiden weißen Ohren eben viel-

leicht ein kleines bisschen bewegt haben. »Der büxt uns nur aus.«

Und dann stehen sie am Zaun und alles ist genau-so wie die letzten beiden Male, aber diesmal fühlt es sich überhaupt nicht so schön an. Die Hühner picken ihre Körner und Schneewittchen lächelt vor sich hin und dem Reh fehlt immer noch ein Stückchen vom Ohr. Aber heute macht Magnus das überhaupt gar nicht glücklich.

»Komm, Linnea, wir gehen«, sagt er und zieht sie ein bisschen an der Schulter. »Ich werd hier so traurig.«

Linnea nickt. Dann steckt sie dem Haus die Zunge raus.

»Blöder Mann!«, sagt sie. »Der soll mal selber in seinen Käfig.«

Und das findet Magnus eigentlich auch.

Katja hilft kein bisschen

Aber dann weiß Magnus plötzlich die Lösung.
»Katja!«, sagt er und bleibt mit einem Ruck stehen. »Da
geht das vielleicht!«
Linnea guckt ihn an. »Was geht da vielleicht, Magnus?«,
fragt sie. Linnea hüpft schon längst wieder auf den Plat-
ten. Bestimmt hat sie gar nicht richtig verstanden, wie
traurig das mit dem eingesperrten Wuschel ist.
Katja hat doch selber Kaninchen, zwei Stück. Und weil
sie in einer Wohnung wohnt und weil da für Oskar und
Boris nicht genug Auslauf ist, hat sie für die beiden eine
Leine. Da geht sie mit Oskar und Boris auf
dem Rasen zwischen den Blocks spazieren
und die mümmeln ganz gemütlich Gras und
passen auf Hundedreck auf, und abhauen
können sie nicht. Das hat Magnus ja
selbst schon gesehen.

»Die hat eine Leine!«, schreit Magnus. »Die leihen wir aus!«

Natürlich ist Katja die Freundin von Nina, und mit Nina musste Magnus sich neulich beulen. Aber das ist ja ewig her. Das war ja schon vor Ostern.

»Hallo, Katja«, sagt Magnus, als Katja die Tür aufmacht. Im Hintergrund hört er den Fernseher. Bestimmt ist Katjas Mutter auch noch bei der Arbeit. »Wir möchten gerne mal kurz deine Leine ausleihen. Die Kaninchen-leine«, und er guckt Katja so an, als ob er findet, das ist ganz normal.

Katja tippt sich gegen die Stirn. »Tickst du noch richtig?«, sagt sie und macht die Tür schon wieder zu. »Du tickst ja nicht richtig!«

»Die ist ja blöd!«, sagt Linnea böse. »Die kann ich mal hauen.«

Aber Magnus hat den Finger schon wieder auf dem Klingelknopf.

»Du, Katja«, sagt er beschwörend, als Katja die Tür einen winzigen Spalt aufmacht. Manche Leute stellen dann ihren Fuß dazwischen, da geht die Tür nicht wieder zu. Aber das traut Magnus sich nicht. »Du, Katja, wir wollen einem Kaninchen helfen!«

Und als Katja ihn anstarrt, als ob sie immer noch glaubt, dass er spinnt, sagt er schnell: »*Nina* hat angefangen! Außerdem.«

Aber das interessiert Katja überhaupt gar nicht. Aus dem Kinderzimmer hört man einen Schrei und komische Geräusche und Zeichentrickstimmen.

»Ich hab keine Zeit!«, sagt Katja ungeduldig. »Ich darf die nicht verleihen!« Und dann donnert sie die Tür wieder zu.

Magnus guckt Linnea an. »Komm, Linnea«, sagt er düster. »Die gibt sie uns nicht.«

Und Linnea streckt der Tür zum Abschied noch schnell die Zunge raus.

»Arschi, Arschi, Arschi«, sagt sie. »Siehst du mal.«

Kaninchenleinen sind teuer

Zum Glück gibt es im Einkaufszentrum ein Zoogeschäft,
da gehen sie jetzt hin. Da gibt es doch bestimmt Kaninchenleinen.
An der Kasse steht eine dicke Frau und unterhält sich mit
der Kassiererin über Fische.
»Nicht immer nur Guppys!«, sagt die Frau. »Aber ich hab
ihm gesagt . . .«
Magnus guckt sich um. In einem riesigen Aquarium
schwimmen bestimmt hundert Fische und ganz hinten im
Laden sind die Käfige mit den Felltieren. *Tierfreunde klop-*
fen nicht an die Scheibe steht auf dem Glas und das findet
Magnus auch. In einer Ecke liegen winzige Hamsterbabys
aneinander gekuschelt und schlafen und ein kleiner
Hamster reckt sich und gähnt. Dabei sieht man seinen
weißen Bauch und seine winzigen Zähne, und man kann
fast überhaupt gar nicht glauben, dass ein Tier so winzig
sein kann und trotzdem lebendig.
Daneben wuseln die Rennmäuse durch ihren Käfig und
darüber hockt ein Chinchilla und starrt Magnus immerzu

an und sieht ein bisschen aus wie ein Teddybär. *Bitte nicht wecken, nachtaktiv!* steht auf einem kleinen Zettel, aber jetzt hat sich der Chinchilla schon selber geweckt.

Und das Allerniedlichste sind die kleinen Kaninchen.

Natürlich gibt es auch einen Käfig mit kleinen Kaninchen, die sitzen da zusammen mit den Babymeerschweinchen und mümmeln Karottenscheiben und sehen so klein und so unbeschreiblich niedlich aus, dass Magnus einen Augenblick lang fast glaubt, er findet sie ein ganz winziges bisschen besser als Schwarzer Wuschel.

Aber so was will er gar nicht denken und darum dreht Magnus sich einfach um. Schließlich ist er sowieso nur hier, um eine Leine zu suchen.

An der Kasse hat die dicke Frau jetzt bezahlt und die Kassiererin guckt misstrauisch zu Magnus und Linnea. »Sucht ihr was?«, fragt sie unfreundlich. »Hier ist kein kostenloser Zoo.«

Magnus schluckt. Wenn Erwachsene unfreundlich sind, ist es immer so schwierig. Dann traut er sich immer gar nicht zu reden.

Aber zum Glück ist Linnea so ein bisschen Unfreundlichkeit ganz egal.

»Hast du eine Leine?«, fragt sie und stellt sich direkt vor der Kasse auf Zehenspitzen. »Für Schwarzer Wuschel?«

»Schwarzer Wuschel?«, sagt die Frau und dreht den Kopf zur Seite, wo an der Wand an einem Lochbrett bestimmt tausend verschiedene Leinen hängen. »Ist das euer Hund?«

Linnea tippt sich gegen die Stirn. »Das ist doch kein Hund, haha!«, sagt sie. »Das ist doch ein Kaninchen!«

»Ach so«, sagt die Frau und fängt an kleine Päckchen mit Futter zu sortieren. »Kaninchenleinen sind rechts.«

Und jetzt ist es doch ein Glück, dass Magnus die Zahlen lesen kann, sogar mit Pfennig dahinter. Weil sie sonst ja gar nicht gewusst hätten, was so eine Leine kostet. Und das ist leider viel.

»Kostet die 23,95?«, fragt Magnus, und jetzt muss er sich doch trauen, mit der Frau zu reden. Weil Linnea die Zahlen ja immer durcheinander kriegt. »So viel?«

Die Frau guckt ihn über ihren Päckchen an. »Na, ich finde das nicht viel«, sagt sie. »Billiger gibt es sie nirgends.«

»Ich will die bunte«, sagt Linnea und zupft schon an einer Leine, dass fast das Pappstück reißt, mit dem sie am Haken festgemacht ist. »Die ist am schönsten.«

Und das findet Magnus auch. Die Leine ist aus lauter bunten Plastikfäden geflochten und leuchtet ganz sommerlich, und bestimmt steht sie Schwarzer Wuschel wunderbar. Aber natürlich ist sie viel zu teuer.

»Nee, lass mal, Linnea«, sagt Magnus darum schnell. »Wir müssen das noch mal überdenken.«

Das sagt Mama immer, wenn sie in einem Geschäft merkt, dass die Sachen, die sie kaufen wollte, zu teuer sind, und nicht möchte, dass die Verkäuferin weiß, wie wenig Geld sie hat. »Wir lassen uns das noch mal durch den Kopf gehen.«

»Tut das«, sagt die Kassiererin und sortiert weiter ihre Päckchen.

Alle Kaninchen werden geschlachtet

Beim Essen denkt Magnus, dass er es jetzt versuchen muss.

»Das ist ja schade, dass Ostern vorbei ist«, sagt er und guckt Mama nicht an dabei.

Mama nimmt einen Schluck Tee. »Ja, das finde ich auch«, sagt sie. »So was geht immer viel zu schnell vorbei. Das finde ich nach Ostern jedes Mal. Und nach Weihnachten. Und nach jedem Geburtstag.«

Magnus nickt. Das ist ja klar, aber darüber wollte er jetzt eigentlich gar nicht reden.

»Weil wir ja jetzt grade erst was geschenkt gekriegt haben«, sagt er und guckt immer noch nicht zu Mama hin. »Da können wir uns ja nicht schon wieder was wünschen.«

Und da muss Anna sich natürlich gleich wieder einmischen. »Nee, das können wir nicht, stell dir mal vor«, sagt sie so richtig hinterlistig. »Wetten, jetzt fragt er dich gleich, Mama? Ob du ihm irgendwas kaufst? Was er gerne haben will?«

Mama schüttelt den Kopf. »Nun sei doch mal nicht gleich so unfreundlich, Anna«, sagt sie. »*Wünschen* ist ja immer erlaubt. Man muss nur wissen, dass man längst nicht alles *kriegen* kann.«

Jetzt guckt Magnus sie doch ganz vorsichtig an.

»Nee, alles nicht, Mama«, sagt er und denkt, dass Mama doch verstehen muss, wie wichtig es ist, dass Schwarzer Wuschel nicht sein ganzes Leben lang nur immer im Käfig hockt. »Aber das Wichtige, oder? Das Wichtige kann man vielleicht kriegen.«

Mama legt ihr Brot auf den Teller.

»Na, dann sag mal, Magnus«, sagt sie. »Was das Wichtige ist. Das du leider zu Ostern vergessen hast, dir zu wünschen. Mal los.«

Da sagt Magnus, dass er ganz dringend eine Kaninchenleine braucht. Und vielleicht versteht

Linnea jetzt erst, wovon Magnus die ganze Zeit redet. »Solche bunte ist das!«, schreit sie. »Aber die kostet auch Geld.«

»Guck an«, sagt Mama erstaunt. »Und wofür braucht ihr zwei eine Kaninchenleine? Wenn ihr doch gar kein Kaninchen habt?«

Da erzählt Magnus ihr die Geschichte von Schwarzer Wuschel in seinem Käfig und dass der Mann nicht versteht, dass Kaninchen auch mal rennen wollen.

»Weil sie ja keine Hühner sind, glaubt der das«, sagt Magnus. »Kaninchen werden sonst spillerig.«

»Spillerig?«, sagt Mama. »Ach so.«

»Das sagt der aber nur so«, sagt Magnus. »Die werden doch in echt nicht spillerig, oder? Was heißt denn spillerig, Mama?«

Aber bevor Mama ihm antworten kann, hat sich schon wieder Anna eingemischt.

»Natürlich werden die spillerig, Blödmann!«, sagt Anna.

»Weil das nämlich *mager* heißt! Und wenn ein Kaninchen zu viel rumrennt, wird es mager, und das will der Mann natürlich nicht. Weil er sein Kaninchen ja schlachten will. Und da will er es fett. Da soll ordentlich was dran sein beim Essen.«

»Nein!«, ruft Magnus erschrocken, und »Anna!«, sagt Mama böse, und Linnea starrt Anna wütend an.

»Der macht ja Schwarzer Wuschel gar nicht tot, haha«, sagt sie und tippt sich an die Stirn. »Du bist ja balla-balla, Anna, piep-piep.«

Aber Anna lässt sich nicht unterbrechen.

»Und ihr glaubt doch nicht im Ernst, dass der euch erlaubt, sein Kaninchen spazieren zu führen! Damit es mager wird und er hat dann nachher keinen vernünftigen Braten.«

Magnus starrt Anna an. »Ja, Mama, stimmt das?«, flüstert er. »Will der Mann Schwarzer Wuschel essen?«

Mama guckt wieder böse zu Anna.

»Ich fürchte, Anna hat Recht, Magnus«, sagt sie dann. »Dafür halten die Leute sich ja Kaninchen.« Und jetzt sieht sie selber ein bisschen traurig aus, weil sie wohl begreift, wie schrecklich das für Magnus ist. Aber eine Lösung weiß sie auch nicht.

»Und wir können ihn ja nicht nehmen«, murmelt Magnus. »Kaufen. Du bist ja vielleicht allergisch.«

Mama strubbelt ihm durchs Haar.

»Nein, das können wir wirklich nicht, Magnus«, sagt sie. »Auch wenn ich nicht allergisch wäre. Wenn man keinen Garten hat, kostet so ein Kaninchen nämlich auch ziemlich viel Futtergeld. Und in der Wohnung wäre so ein großes Kaninchen sowieso auch unglücklich. Und es würde stinken. Und irgendwer müsste jeden Tag den Käfig sauber machen. Und wenn wir verreisen . . .«

»Ich!«, schreit Magnus aufgeregt. »Ich mach den sauber!«

Aber Mama schüttelt entschieden den Kopf.

»Da muss ich jetzt nein sagen und dabei bleibt es«, sagt sie. »Guck mal, Magnus, du kannst doch sowieso nicht alle Kaninchen der Welt vor dem Schlachten retten.«

Da geht Magnus aus der Küche ganz leise in sein Zimmer.
Natürlich kann er nicht alle Kaninchen der Welt retten,
das weiß er ja selber. Nur Schwarzer Wuschel. Schwarzer
Wuschel soll nicht von diesem Menschenfresser gegessen
werden.
Magnus legt sich auf sein Bett und denkt an die blöde
Katja. Das hätte er sich ja eigentlich gleich denken
können, dass sie Boris und Oskar nur hat, weil sie die
aufessen will.

Magnus hat eine Idee

In dieser Nacht schläft Magnus nicht so gut.
Weil er so furchtbar viel denken muss nämlich. Wie man
Schwarzer Wuschel das Leben retten kann. Da muss ihm
doch irgendwas einfallen.
Einfach freilassen geht nicht, das ist ja schon klar. Dann
läuft Schwarzer Wuschel vielleicht wirklich unter ein
Auto.
Aber entführen, das geht! Wenn gefährliche Männer
manchmal Kinder entführen, kann Magnus das ja wohl
mit einem Kaninchen machen. Dann bringt er Schwarzer
Wuschel irgendwohin, wo der Mann ihn nicht finden
kann. Und dann ist sein Kaninchen gerettet.
»Kann ich mal den Kellerschlüssel, Mama?«, fragt Magnus beim Frühstück und kann überhaupt nicht still
sitzen und sein Müsli essen. »Ich muss mal kurz was er-
ledigen.«
»Den Kellerschlüssel?«, fragt Mama verblüfft. »Hab ich
richtig gehört? Ich denk, du hast Angst vor dem Keller?«
»Ich brauch Selter«, sagt Magnus und tut, als hätte er das

von der Angst gar nicht gehört. So was soll Mama nicht immer sagen, wenn Anna und Linnea es hören können.

»Na, dann guck dich mal um«, sagt Mama und zeigt auf das Fach unter dem Abwaschbecken, wo hinter dem halb aufgezogenen Vorhang neben dem Mülleimer der Flaschenkorb steht. Und der ist ganz voll.

»Ich brauch trotzdem noch eine!«, sagt Magnus und steht auf. »Für mich ganz alleine.«

Aber Mama schüttelt den Kopf. »Jetzt geh erst mal in die Schule, Magnus«, sagt sie. »Es ist schon höchste Zeit.«

Und als Magnus im Flur in seine Schuhe schlüpft, kommt sie ihm noch mal nach.

»Heute hol *ich* Linnea aus dem Kindergarten«, sagt Mama. »Okay? Dann kannst du nach der Schule gleich nach Hause gehen.«

Magnus antwortet nicht. Aber eigentlich ist das gar nicht so schlecht. Eigentlich passt ihm das heute ganz gut.

Im Keller steht eine Kaninchen-Kommode

Das Schlüsselbrett ist ein brauner Bär aus Sperrholz, den
hat Anna in der dritten Klasse in Werken ausgesägt und
Mama zu Weihnachten geschenkt. Und in zwei Jahren
sägt Magnus Mama auch so einen und danach dann
Linnea. Dann haben sie vielleicht gar nicht genug
Schlüssel für alle Bären.
Aber für Annas Bären reichen sie noch und der Keller-
schlüssel hängt ganz unten. Magnus seufzt.
Wenn er sonst in den Keller gehen muss, nimmt er immer
Linnea mit, dann ist es nicht ganz so gruselig. Dann gibt
er ihr ein Pfennigstück oder einen kaputten Playmo-
Mann ohne Haare, und Linnea ist ja auch noch so klein,
dass ihr das als Bezahlung gut reicht.
Darum geht sie mit Magnus nach unten, und dann brin-
gen sie leere Flaschen weg und holen neue volle, und die
ganze Zeit redet Linnea und redet. Linnea hat wohl gar
keine Angst.
Aber heute Mittag ist Linnea nicht zu Hause, also muss
Magnus sich alleine trauen. Wenn man einem das Leben

retten muss, hilft das alles nichts.
Da muss man mutig sein.

Magnus seufzt. »Und außerdem hab ich gar keine
Angst«, sagt er leise, als er die schwere Holztür vor
dem Kellerflur aufschließt. Hier draußen im Treppenhaus ist es noch ganz hell. »Es gibt ja gar keine
Geister.« Dann geht er ganz schnell zu der Holztür
vor dem kleinen Kellerraum, der Mama gehört, und
schließt das Vorhängeschloss auf. Im Flur leuchtet
die Kellerlampe, aber trotzdem fühlt es sich unheim-
lich und gefährlich an. Komisch, dass Keller sich
immer so gefährlich anfühlen, auch wenn sie hell
sind.
Aber Schwarzer Wuschel macht das ja bestimmt
nichts aus, denkt Magnus, als er sich umguckt.
Der ist ja ein Kaninchen. Und die buddeln sich sogar
Gänge tief in die Erde und wohnen da unten und da
gibt es überhaupt keine Lampe. So dunkel wie im
Kaninchenbau ist es im Keller noch längst nicht, und
darum kriegt Schwarzer Wuschel auch bestimmt
keine Angst.
An der Wand lehnt eine Matratze und daneben steht der
Kleiderschrank, in den Mama im Sommer die Winter-
sachen tut. Und im Winter die Sommersachen. Und ein
Regal mit Dosen und Tüten und Paketen voller Reis und
Nudeln und sonst was steht auch noch da, und daneben

liegen die alten Schulhefte von Anna und Magnus und die Kindergarten-Bilder von Linnea. Und auf dem Boden stehen natürlich die Kisten mit dem Selter. Aber deswegen ist Magnus nicht nach unten gekommen.

Auf der anderen Seite, direkt unter dem kleinen Kellerfenster, ist die wertvolle Kommode, die in der alten Wohnung auf dem großen Flur gestanden hat. Als Mama und Papa noch verheiratet waren, haben sie ja alle zusammen in einer anderen Wohnung gewohnt, und da war auf dem Flur für die wertvolle Kommode Platz. Aber in dieser Wohnung ist der Flur zu klein und darum hat Mama sie in den Keller gestellt.

»Man weiß ja nie«, hat Mama gesagt. »Irgendwann kann ich sie ja vielleicht wieder brauchen.«

Und das kann doch eigentlich nur sein, wenn Mama und Papa vielleicht mal wieder zusammenziehen. Dann muss die Wohnung ja wieder größer sein.

Aber jetzt braucht erst mal *Magnus* die Kommode. Was für ein Glück, dass auf dem Flur kein Platz dafür ist! Da hätte er Schwarzer Wuschel ja nie verstecken können. Da hätte Mama ihn ja gleich entdeckt.

Aber hier im Keller geht es ganz gut und die Kommode ist auch bestimmt groß genug und ein gutes Kaninchenversteck. Wo Schwarzer Wuschel doch zu Hause sowieso nur immer im Käfig sitzt. Da macht ihm die Kommode doch vielleicht nicht so viel aus.

»Na, Magnus, wo bist du gewesen?«, fragt Mama, als Magnus zurück in die Wohnung kommt. »Und stell deinen Ranzen mal in dein Zimmer. Nicht nach der Schule immer so einfach auf den Flur schmeißen!«

»Ja, mach ich schon, Mama«, sagt Magnus und schnappt sich seinen Ranzen.

Aber Mama will jetzt eine Antwort auf ihre Frage.

»Und wo bist du eben gewesen?«, fragt sie noch mal. »So gleich nach der Schule?«

Da überlegt Magnus ganz schnell, ob ihm vielleicht eine Ausrede einfällt. Aber weil Mama ihn immerzu anguckt und Linnea auch, klappt das natürlich wieder mal nicht.

»Im Keller«, murmelt er. »Selter holen.«

»Selter holen?«, fragt Mama verblüfft. »Und wo ist die Flasche?«

Magnus guckt sie böse an. »Vergessen«, sagt er unfreundlich. »Weil es so gruselig war.«

Da fängt Mama an zu lachen. »Na, du bist mir ja vielleicht ein Held!«, sagt sie.

Magnus zuckt die Achseln.

»Komm mal mit, Linnea«, sagt er. Dann zieht er die Kinderzimmertür hinter sich zu.

Chaos aus der Krimskrams-Tonne

»Was soll denn das?«, fragt Mama, als sie ins Zimmer kommt, um Magnus und Linnea zum Mittagessen zu holen. »Wieso habt ihr denn die Krimskrams-Tonne ausgekippt? Das ist ja das reinste Chaos hier!«
Und da hat sie vielleicht sogar Recht. Auf dem Boden liegt ein großer Berg Spielzeug, aber alles nur Kleinkram. Kleine Plastikhubschrauber liegen da und winzige Plüschtiere, die sich mit ihren Händen irgendwo festklemmen lassen, und ein Schlüsselanhänger, der im Dunkeln grün leuchtet und aussieht wie ein Skelett. Das sind all die Sachen, die Anna und Magnus und Linnea irgendwann beim Loseziehen gewonnen haben. Oder irgendwo gratis gekriegt. Und mit denen man überhaupt gar nichts anfangen kann. Aber zum Wegschmeißen sind sie nun auch wieder zu schade.
»Wir sortieren das grade«, sagt Magnus unfreundlich. »Wir kommen gleich, Mama. Du kannst schon mal auffüllen.«
»Sortieren?«, sagt Mama erstaunt. »Wozu das?«

»Das ist doch ein Geheimnis, Dummi!«, sagt Linnea.
Da ruft Mama mit ihrer ganz energischen Stimme, dass
Linnea sehr gut weiß, dass sie nicht Dummi sagen soll,
und zu Erwachsenen schon gar nicht. Und weil Mama
so böse ist, vergisst sie den ganzen Kleinkram auf dem
Boden und sagt nur, dass das Essen kalt wird.

Magnus geht hinter ihr her in die Küche und denkt, dass
es doch komisch ist. Immer glaubt man, dass Mütter so
schlau sind, und dann merkt Mama noch nicht mal, dass
sie die Tonne gar nicht ausgekippt haben, weil sie die
Spielsachen sortieren wollten.

Sondern weil sie die Tonne brauchen.

Schwarzer Wuschel wird entführt

Nach dem Essen war es gar nicht so leicht, mit der Tonne
aus der Wohnung zu schleichen. Die ganze Zeit ist Anna
immer hin und her gerannt und hat mit Mama geredet,
aber dann hat Magnus plötzlich »Los!« geflüstert und ist
mit Linnea ins Treppenhaus geflitzt. Die Wohnungstür
haben sie ganz leise hinter sich zugezogen.
Eigentlich soll Magnus immer Bescheid sagen, wenn er
weggeht. Wohin er geht. Und wann er wiederkommt.
Aber diesmal ist das natürlich nicht gegangen. Sonst hätte
Mama womöglich noch die leere Spielzeugtonne gesehen,
und dann hätte sie gefragt, wozu Magnus und Linnea die
brauchen, und vielleicht hätte sie ihnen sogar verboten
die Tonne mitzunehmen.
Und dabei brauchen sie die Tonne doch ganz unbedingt!
Magnus glaubt nicht, dass er es schafft, Schwarzer Wu-
schel den ganzen Weg von dem kleinen weißen Haus bis
in den Keller einfach so auf dem Arm zu tragen. Wenn
Schwarzer Wuschel sogar dem Mann schon zu schwer ist.
Da brauchen sie die Tonne unbedingt.

»Und was denkt Mama denn, wenn wir jetzt weg sind, Magnus?«, fragt Linnea. »Glaubt sie, ein Kinderräuber hat uns geschnappt?«

»Quatsch!«, sagt Magnus unfreundlich. »Das glaubt sie bestimmt nicht«, und er hofft, dass er Recht hat und dass Mama sich wirklich keine Sorgen macht, wenn sie plötzlich merkt, dass ihre beiden Kinder verschwunden sind. Aber ein Notfall ist ein Notfall, und wenn man einem das Leben retten muss, darf man wohl ausnahmsweise mal verbotene Sachen machen. Nachher sind Magnus und Linnea ja gleich wieder zu Hause.

»Duck dich, Linnea!«, flüstert Magnus. Da sind sie beim Garten angekommen. »Dass der Menschenfresser dich nicht sieht!«

Aber der Garten liegt ruhig und friedlich da und nur die Hühner picken in der Sonne.

»Vielleicht ist er einkaufen gegangen«, sagt Linnea. »Kartoffeln. Für seine Frau.«

Magnus zuckt die Achseln. Vielleicht ist der Mann im Haus und vielleicht nicht, das kann man nicht wissen. Natürlich könnte Magnus einfach an der Tür klingeln um rauszukriegen, ob Linnea Recht hat. Aber wenn der Mann die Tür aufmacht, ist alles verloren. Wie sollen sie Schwarzer Wuschel denn dann noch entführen? Da weiß der Mann doch sofort, dass Magnus und Linnea die Entführer sind. Wenn er sie erst mit einer Tonne in seinen

Garten gehen sieht und hinterher ist sein Kaninchen weg! Nein, es gibt keine Möglichkeit herauszukriegen, ob der Mann zu Hause ist. Aber Magnus hat ja auch nie geglaubt, dass die Entführung einfach wird. Wenn man einem das Leben retten will, muss man auch Gefahren aushalten können.

»Sei leise, Linnea!«, flüstert Magnus. »Wir schleichen uns an!«

Und dann schleichen sie gebückt durch die Pforte und ganz, ganz langsam auf den Kaninchenstall zu und die Hühner flattern erschrocken auseinander und gackern aufgeregt. Aber der Mann ist ja vielleicht schon schwerhörig. Das sind alte Leute ja oft.

»Guck, der ist gar nicht abgeschlossen, Linnea!«, flüstert Magnus, als er am Stall den Türhaken aus der Öse hebt. »Das ist aber gar nicht gut von dem Mann. Da kann ja jeder kommen und Schwarzer Wuschel klauen.«

Linnea nickt. »*Ich* klau den jetzt«, sagt sie zufrieden. »Tu in die Tonne, los, Magnus. Du bist ja schon groß.«

Aber das ist gar nicht so einfach, wie Linnea wohl denkt.

»Entschuldige bitte, Schwarzer Wuschel«,

flüstert Magnus. »Jetzt musst du mal kurz in die Tonne«, und er greift ganz mutig zu und versucht, Schwarzer Wuschel aus seinem Käfig zu heben.

»Das will der nicht!«, sagt Linnea.

Schwarzer Wuschel kuschelt sich ganz hinten in der Ecke zusammen. Man kann überhaupt nicht glauben, dass so ein großes Kaninchen sich so klein machen kann.

»Der hat Angst vor dir, Magnus!«

Und das versteht Magnus jetzt auch und es zieht ihm fast das Herz zusammen. Er will doch Schwarzer Wuschel keine Angst machen! Aber natürlich versteht der gar nicht, was jetzt passiert. Der ist ja ein Kaninchen und weiß nicht, dass er geschlachtet wird, wenn er in seinem Käfig bleibt und sich nicht von Magnus entführen lässt.

»Ich will dich doch nur retten, Schwarzer Wuschel!«, flüstert Magnus und seufzt.

»Du musst die Tonne unter die Tür halten, Linnea. Und ich schubs ihn rein. Aber gut festhalten!«

Und Linnea sagt, haha, sie kann ja wohl festhalten, sie ist ja schon fast ein Vorschulkind, und da greift Magnus ganz mutig in den Käfig und zerrt Schwarzer Wuschel zur Tür, und dass der knurrt und sogar versucht, Magnus ein bisschen zu beißen, muss ihm jetzt ganz egal sein. Wenn man einem das Leben retten will, kann man nicht erwarten, dass alles einfach ist.

Darum zerrt er und schubst, und Linnea hält die Tonne fest, und da hat Schwarzer Wuschel wohl endlich genug von den fremden Händen in seinem Käfig und springt nach draußen. Genau in die Tonne.

»Wir haben ihn, Magnus, wir haben ihn!«, schreit Linnea.

»Du bist aber ein guter Tierholer, Magnus!«

Aber da hat Schwarzer Wuschel gemerkt, was mit ihm passiert ist, und wenn Magnus ihn nicht ganz schnell zurück in die Tonne geschubst hätte, wäre er glatt wieder rausgesprungen.

»Nun sei doch mal leise, Linnea!«, sagt Magnus aufgeregt. »Der kriegt doch sonst Angst! Und der Mann hört uns auch«, und er versucht Schwarzer Wuschel in die Tonne zu drücken, ohne dass der ihn beißt.

»Zieh mal die Jacke aus, Linnea«, sagt

Magnus. »Die stopfen wir obendrüber.«

Da zieht Linnea ihren Anorak aus und sagt, dass es eigentlich gar nicht kalt ist, und Magnus sagt, vom Tragen wird ihr bestimmt sowieso wieder warm. Dann legt er den Anorak über die Tonne.

»Jetzt haben wir ihn«, sagt Magnus und schnauft. »Und jetzt tragen wir ihn nach Hause.«

In dem kleinen weißen Haus hat sich die ganze Zeit nichts gerührt. Vielleicht kauft der Mann ja wirklich gerade Kartoffeln für seine Frau.

Wuschel zieht in den Keller

Niemals hätte Magnus geglaubt, dass es so schwierig ist, ein Kaninchen zu entführen. In der Tonne zappelt Schwarzer Wuschel wie verrückt, darum muss Magnus sie ganz allein tragen. Damit Linnea oben ihre Jacke draufdrücken kann.

»Du musst doch keine Angst haben, Schwarzer Wuschel!«, sagt Magnus und setzt die Tonne zum tausendsten Mal ab. »Gleich bist du gerettet.«

Natürlich hat er gewusst, dass ein Belgischer Riese schwer ist. Aber dass er so schwer ist, hat ja kein Mensch ahnen können.

Manchmal kommen ihnen Leute entgegen, die neugierig auf Linneas Anorak gucken, der sich oben auf der Tonne ganz von alleine bewegt. Aber zum Glück ist niemand dabei, den sie kennen. Da macht es ja nicht so viel aus.

»Schwarzer Wuschel!«, flüstert Magnus, als sie vor der Haustür ankommen. »Jetzt musst du mal einen Augenblick lieb sein!« Und er zieht den Schlüssel aus der Tasche.

»Sonst drück ich aber richtig fest drauf, sag ich dir mal!«, sagt Linnea zu dem Gezappel in der Tonne. »Ich bin ja stärker.«

Und zum Glück ist niemand im Treppenhaus und im Kellergang auch nicht. Da können sie Schwarzer Wuschel ganz in Ruhe in den Keller tragen, auch wenn er überhaupt nicht gehorcht und kein bisschen lieb ist. Unter Linneas Jacke zappelt er immer noch wie verrückt.

»Jetzt kriegst du einen neuen Stall, Schwarzer Wuschel«, sagt Magnus. »Einen Kommodenstall.«

»Und der ist ganz wertvoll und alt«, sagt Linnea lieb. »Und das ist nett von uns.«

Aber offenbar macht sich Schwarzer Wuschel überhaupt nichts aus wertvollen Kommoden. Und dabei hat Magnus extra zwei Küchenhandtücher in die Fächer gelegt, damit sein Kaninchen es gemütlich hat.

»Spring rein, Schwarzer Wuschel!«, sagt Magnus. »Jetzt bist du zu Hause.« Und er hebt Linneas Anorak hoch. Aber Schwarzer Wuschel denkt gar nicht daran, in die Kommode zu ziehen. Wie der Blitz springt er aus der Tonne und wie der Blitz verschwindet er unter dem Kleiderschrank.

Magnus stöhnt. »Da kriegen wir ihn nie wieder raus«, sagt er.

»Aber unter dem Schrank ist ja auch eine schöne Höhle, oder, Magnus?«, sagt Linnea. »Nur nicht so wertvoll.«

Magnus nickt. »Wenn er will, kann er meinetwegen auch erst mal da wohnen«, sagt er. Sein Herz klopft wie wild und seine Finger zittern richtig ein bisschen. Dabei ist das doch verrückt, wo jetzt alles geschafft und gut ausgegangen ist. »Komm, wir holen ihm noch Salat.«

»Aber lieb sein, Schwarzer Wuschel, das sag ich dir aber!«, sagt Linnea. »Mach mal nicht überall deine Ködel hin, aber wehe, du!«

Magnus seufzt. Jetzt ist Schwarzer Wuschel natürlich aus seinem Käfig befreit; aber gerettet ist er noch lange nicht. Was ist denn, wenn Mama in den Keller kommt und da sitzt ein riesiges schwarzes Kaninchen und starrt sie an? Oder wenn sie lauter Kaninchenködel findet? Da glaubt sie doch nie, dass die Mäuse die gemacht haben. Mäuse sind ja viel zu klein.

Und was ist, wenn Mama in den Keller geht und plötzlich ganz schrecklich niesen muss? Wo sie doch vielleicht allergisch ist?

Nein, gerettet ist Schwarzer Wuschel noch lange nicht. Von jetzt an muss Magnus die Getränke aus dem Keller holen, ganz egal, wie groß seine Angst ist. Und was werden soll, wenn Mama die Sommersachen aus dem Schrank holen will, darüber denkt er dann später noch mal nach. Bis dahin ist ja noch Zeit. Jetzt war ja grade erst Ostern.

Linnea verrät ein Geheimnis

»Sag mal, hast *du* den Salat weggeschmissen, Anna?«,
ruft Mama, als sie das Abendbrot vorbereitet. Magnus
sitzt am Küchentisch und malt die Felder in seinem
Rechenrätsel an. Und Linnea führt ihre Linni spazieren.
Zum Glück hat Mama gar nicht geschimpft, als Magnus
und Linnea mit der Tonne zurückgekommen sind. Nur
den Kopf hat sie geschüttelt.

»Was?«, brüllt Anna aus ihrem Zimmer. Natürlich hat sie
wieder die Musik so laut gestellt, dass sie Mama nicht
hören kann.

»Mein Kopfsalat ist weg!«, brüllt Mama zurück. »Nun
mach doch mal die CD leiser, Anna! Hast *du* den genom-
men?«

Aber Anna denkt gar nicht daran, ihre Musik leiser zu
stellen. Da kommt sie lieber in die Küche.

»Salat? Nee!«, sagt Anna und tippt sich an die Stirn. »Ich
war gar nicht am Kühlschrank.«

»Und ich war auch gar nicht am Kühlschrank, trallala!«,
sagt Linnea und lässt Linni fallen. »Und Magnus war das

auch nicht! Das war ja vielleicht ein Verbrecher und der hat den Salat geklaut«, und sie guckt Anna geheimnisvoll an und nickt. »Das kriegst du nicht raus, Anna, glaub mir das mal.«

»Was krieg ich nicht raus?«, sagt Anna.

»Das ist ein Geheimnis und ätschibätschi!«, sagt Linnea.

»Und ein Geheimnis verratet man nicht.«

»Es heißt *verrät*«, sagt Magnus, aber dann beugt er sich ganz schnell wieder über sein Rechenrätsel. Jetzt ist es besser, wenn er so tut, als ob es ihn überhaupt gar nicht gibt.

Aber Anna hat sich schon zu Linnea auf den Boden gekniet und lächelt ganz lieb.

»War das nun ein Verbrecher oder ein Geheimnis, Linnea, sag mal«, sagt Anna. »Ich zeig dir auch was Schönes.«

»Was zeigst du mir denn?«, fragt Linnea interessiert.

»Erst zeigen, Anna! Dann sag ich dir das.«

Aber jetzt wird Magnus doch aufgeregt. Linnea ist ja noch so klein und dumm und merkt überhaupt gar nicht, dass Anna sie reinlegen will. Wenn Magnus jetzt nicht aufpasst, erzählt Linnea Anna gleich alles von Schwarzer Wuschel. Und Anna erzählt es dann Mama. Und Mama sagt bestimmt, dass sie Schwarzer Wuschel zurückbringen müssen. Weil es Diebstahl ist. Mama will nie was Verbotenes tun. Auch wenn ein Kaninchen sonst sterben muss.

»Sie legt dich nur rein, Linnea, nicht sagen!«, ruft Magnus
darum schnell. »Sei still, Linnea, nicht sagen!«
Linnea guckt kurz zu ihm hoch.
»Ein Geheimnis verratet man nicht«, sagt sie zu Anna.
»Das weißt du wohl nur nicht, haha. Du bist ja balla-
balla.«
Aber diesmal ist Anna überhaupt nicht beleidigt.
»Klar weiß ich das, Linnea!«, sagt sie freundlich. »Ein Geheimnis darf man nicht verraten. Aber einen Tipp geben,
das darf man. Also zum Beispiel könnte man . . .«
»Hör gar nicht hin, Linnea!«, schreit Magnus. »Hör gar
nicht zu, was sie sagt!«
»Zum Beispiel könnte man nur den Anfangsbuchstaben
sagen. Das ist erlaubt. Das ist ja noch nicht das Geheimnis.«
»Hör auf, Anna, hör auf!«, schreit Magnus und springt
von seinem Stuhl. »Du sollst
das nicht machen!«

Aber Anna tut, als ob sie
ihn gar nicht hört. »Aber
das kannst du ja leider
noch nicht, Linnea«, sagt
Anna und schüttelt den
Kopf, als ob sie ganz
enttäuscht ist. »Den
Anfangsbuchstaben

sagen. Weil du ja noch nicht schreiben kannst. Na, schade.«

»Hör auf, Anna, hör auf!«, schreit Magnus, und: »Kann ich wohl!«, schreit Linnea. »Kann ich wohl!«

»Nee, Linnea, das kannst du noch nicht«, sagt Anna entschieden und steht vom Fußboden auf.

»Wollen wir wetten? Das kannst du mir gar nicht sagen. Womit das Geheimnis anfängt«, und sie klopft sich die Knie ab und tut, als ob sie zurück in ihr Zimmer gehen will.

Aber Linnea ist schon aufgesprungen.

»Kann ich wohl, du alter Puper!«, schreit sie böse. »Mit *Kanin* fängt das an, siehst du mal! Du bist ja balla-balla!« Und sie reckt ihren Kopf vor und ballt die Fäuste und sieht aus, als ob sie Anna gleich hauen will.

Aber Anna lächelt ganz mild. »Vielen Dank, Linnea, das dachte ich mir schon«, sagt sie. Dann guckt sie zu Magnus. »Das war doch sowieso von Anfang an klar.«

Zum Glück hat Mama nichts begriffen

»Du hast es verraten!«, schreit Magnus und boxt Linnea
gegen den Arm. »Du hast Schwarzer Wuschel verpetzt!«
Und dann merkt er, wie er so böse wird, dass er immer
nur zuhauen will, obwohl man Mädchen doch nicht
hauen soll, und kleinere schon gar nicht.
Linnea hat Schwarzer Wuschel verraten! Jetzt geht Mama
gleich in den Keller und guckt nach, ob es stimmt. Und
dann ist alles vorbei.
Aber das tut Mama überhaupt nicht.
»Magnus!«, sagt Mama und zieht ihn von Linnea weg.
»Sag mal, bist du verrückt? Seit wann hauen wir uns
denn in dieser Familie?«
Magnus schnauft. »Du bist so blöd, Linnea!«, schreit er
und merkt, dass seine Arme am liebsten schon wieder
zuhauen würden. »Du bist ja so blöde!«
Das hätte er doch wissen müssen! Natürlich kann man
mit Linnea kein Geheimnis haben, dazu ist sie viel zu
klein und zu dumm. Und jetzt ist alles verloren.
»Für wie dumm hältst du mich eigentlich, Magnus?«,

sagt Mama. »Glaubst du, ich hätte mir nicht gleich gedacht, dass ihr den Salat zu diesem Kaninchen geschleppt habt, bei dem ihr jetzt immer seid?« Sie guckt ihn an. »Aber gleich den ganzen Salatkopf! Da kann man nur hoffen, dass der Mann heute Abend die Reste aus dem Käfig nimmt. Sonst fängt das doch an zu faulen und morgen hat euer Kaninchen Krämpfe«, und sie geht wieder zum Küchenschrank, um das Abendbrot vorzubereiten.

Magnus steht ganz still. Es ist genau wie vorhin, als sie Schwarzer Wuschel entführt haben. Sein Herz bummert und seine Hände zittern. Und dabei ist die Gefahr doch vorbei.

Mama hat überhaupt nichts gemerkt! Mama hat gedacht, dass sie den Salatkopf zu ihrem Kaninchen *in den Garten* gebracht haben! Dass Schwarzer Wuschel im Keller versteckt ist, hat Linnea ja gar nicht verraten.

»Entschuldige bitte, Linnea«, sagt Magnus, weil man das soll. Und weil er es auch möchte. Schwarzer Wuschel ist gerettet! Mama hat überhaupt keine Ahnung. »Tut es dir noch weh?«

Linnea starrt ihn an. »Du bist ja ein alter Arschpuper!«, sagt sie böse. »Gleich hau ich dich auch!«

Aber da dreht sich Mama blitzschnell um.

»Jetzt ist Schluss mit der Hauerei in diesem Haus!«, sagt sie energisch. »Wenn es wegen diesem Kaninchen noch

ein einziges Mal Streit gibt, verbiete ich euch glatt, dass ihr zu ihm in den Garten geht!« Und sie guckt Magnus und Linnea ganz streng an und dann schält sie weiter Karotten.

»Ich will ja gar nicht in den Garten, haha«, sagt Linnea und zupft Mama am Hosenbein. »Du, Mama. Ich will . . .«

Magnus zieht sie am Arm.

»Komm mit, Linnea, ich zeig dir was«, sagt er schnell. »Das ist auch ein Geheimnis.«

Linnea guckt zu ihm hoch, aber bevor sie noch etwas sagen kann, dreht Mama sich zur Küchentür.

»Anna!«, ruft Mama so laut, dass man es vielleicht sogar bei der Musik in Annas Zimmer hören kann. »Kannst du vielleicht mal für mich in den Keller gehen? Ich brauch eine Tunfischdose!«

Jetzt ist alles verloren

Nein, denkt Magnus, o nein. Das ist jetzt nicht wahr.
Zuerst muss er die ganze Zeit aufpassen, dass Linnea
nichts verpetzt, und dann soll auch noch Anna in den
Keller gehen! Da *muss* sie Schwarzer Wuschel ja finden!
Oder wenigstens seine Ködel. Und dann weiß sie natür-
lich auch Bescheid. Anna ist ja nicht blöde.
»*Ich* mach das, Mama, *ich* kann das ja holen!«, ruft Mag-
nus und geht zur Tür. »Du brauchst Anna gar nicht zu
rufen! Komm, Linnea, wir beiden machen das.«
Linnea guckt ihn nachdenklich an.
»Gehst du zum Keller, Magnus?«, sagt sie. »Brauchst du
mich für die Angst? Dann krieg ich aber einen Playmo-
Mann«, und sie läuft eilig hinter ihm her.
Im Treppenhaus bleibt Magnus stehen.
»Die dürfen das doch nicht wissen, Linnea!«, sagt er beschwörend. »Dass wir Schwarzer Wuschel da versteckt
haben! Anna darf nie mehr in den Keller, verstehst du
das? Niemals mehr, Linnea!«
»Nee, darf sie das nicht?«, sagt Linnea. »Weil sie doof

ist?« Sie denkt einen Augenblick nach. »Ich will aber deine Playmo-*Kinder* haben, Magnus. Die sind so fürchterlich niedlich.«

Magnus nickt. »Ja, ja, kannst du kriegen«, sagt er ungeduldig. »Aber begreifst du das, Linnea? Du darfst Anna keinen Mucks verraten. Und du musst immer mit mir in den Keller gehen. Da holen wir die Sachen.«

Linnea nickt. »Aber die *Kinder*, die will ich«, sagt sie entschieden. »Nicht immer die Männer ohne Haare.«

Da schließt Magnus schon die Kellertür auf.

»Schwarzer Wuschel!«, flüstert er. »Wir kommen dich besuchen!«

Auf dem Fußboden liegen verstreut ein paar angeknabberte Salatblätter und in einer Ecke ist ein Häufchen Kaninchenködel. Da müsste man ja schon *richtig* dumm sein, wenn man da nicht merken würde, dass hier ein Kaninchen versteckt ist. Da hätte Anna ja gleich Bescheid gewusst.

»Schwarzer Wuschel, komm raus!«, ruft Magnus mit seiner Flüsterstimme. »Wir sind das nur!«

Dann lässt er sich auf die Knie fallen.

»Er ist wieder unter dem Schrank, Linnea. Ich glaub, er will nicht in der Kommode wohnen.«

Da knarrt hinter ihnen die Gittertür.

»Wer will nicht in der Kommode wohnen?«, fragt Anna. Und jetzt ist alles verloren.

Klauen ist nicht erlaubt

»In unserem Keller?«, sagt Mama und starrt Magnus
ungläubig an. »Da hast du das Kaninchen versteckt?«
Natürlich ist Anna sofort nach oben gerannt. Und natür-
lich hat sie gepetzt. Und jetzt sitzen sie alle um den
Küchentisch, nur Linnea lässt ihre Linni wieder auf dem
Fußboden hüpfen.
»Wie hast du dir das denn gedacht, Magnus? Wie soll das
denn da leben? Mal ganz abgesehen davon, dass es Dieb-
stahl ist!« Und jetzt guckt Mama wirklich ganz streng.
Magnus schluckt.
»Wenn der Mann ihn doch totmachen will!«, sagt er böse.
»Da mussten wir ihn doch retten!«
»Das musstet ihr keineswegs, und das hab ich dir auch
schon mal gesagt!«, sagt Mama und ihre Stimme wird
lauter. »Du kannst nicht alle Tiere der Welt retten, die
jemand schlachten will! Das geht nicht! Begreif das
doch mal!«
Dann holt sie tief Luft.
»Guck mal, Magnus, egal, wie gemein du das findest:

Das Kaninchen gehört diesem Mann. Und der darf mit
ihm machen, was er will, nur nicht quälen. So ist das nun
mal.«

»Auch totmachen?«, schreit Magnus. »Auch totmachen?«
Mama zuckt hilflos die Achseln.

»Ich weiß, Magnus, ich weiß«, sagt sie und streicht ihm
 mit zwei Fingern über die Wange.
»Ich weiß doch, dass das schreck-
lich für dich ist. Aber wir können
es nicht behalten. Weil es gestohlen ist. Und weil ich vielleicht
allergisch bin. Und weil es außerdem da unten im Keller ganz
unglücklich wäre.«

»Das will aber lieber unglücklich als tot sein!«, schreit
Magnus. »Das will ja wohl jeder!« Und für einen kleinen
Moment hat er plötzlich die Hoffnung, dass er Mama
doch noch umstimmen kann. »Da wohnt das doch lieber
im Keller!«

Mama schüttelt den Kopf. »Aber du hast es gestohlen«,
sagt sie fest.

»Aber schlachten ist schlimmer!«, schreit Magnus. Das
muss Mama doch begreifen! Das begreift ja sogar schon
die kleine Linnea! Klauen ist nicht erlaubt. Aber schlachten ist schlimmer.

»Ich ruf den Mann jetzt an und sag ihm, wo sein Kaninchen ist«, sagt Mama. »Der hat bestimmt schon gesucht. Wie hieß der noch mal?«

»Das sag ich dir nicht!«, schreit Magnus. »Das sag ich dir nicht!«

Aber natürlich ist Linnea wieder zu dumm.

»Herr Kröger heißt der doch, Dummi!«, sagt sie und schüttelt den Kopf. »Der will auch heißen, denk dir mal. Aber Schwarzer Wuschel soll nicht!«, und sie lässt ihre Linni so wild auf und ab hüpfen, dass sie mit dem Kopf auf den Boden donnert.

»Kröger«, sagt Mama. »Na gut.«

Dann verschwindet sie zum Telefon.

Da schmeißt Magnus seinen Kopf auf den Tisch und fängt an zu weinen. Nun war alles umsonst.

Schwarzer Wuschel muss sterben.

Anna weiß, wie es geht

Und dann ist es ausgerechnet Anna, die die Lösung weiß.
»Halt, warte mal, Mama!«, schreit sie. »Du, warte mal,
Mama, ich glaub . . . Ich glaub, ich hab eine Idee.«
Magnus hebt ganz vorsichtig seinen Kopf vom Tisch und
zieht die Nase auf.

»Mama!«, sagt Anna. »Wir kaufen ihn *doch*!«
»Wir tun was?«, fragt Mama verblüfft.
»Wir kaufen ihn ab!«, sagt Anna aufgeregt. »Dann
kann der Mann ihn nicht mehr schlachten. Dann
gehört er ja uns.«
Mama schüttelt den Kopf. »Man kann kein Kanin-
chen im Keller halten, Anna!«, sagt sie. »Das ist
Tierquälerei! Ganz abgesehen von meiner Allergie.«
Aber jetzt wird Anna noch aufgeregter.
»Weiß ich doch selber, ich bin ja nicht blöd!«, ruft
sie.
»Aber er kann doch weiter bei dem Mann im Käfig
sein! Nur *gehören* tut er uns! Aber *haben* kann ihn
der Mann.«

Mama guckt sie nachdenklich an.

»Ja?«, sagt sie und lehnt sich gegen den Türrahmen.

»Glaubst du, das geht?«

Und da begreift Magnus, was hier gerade passiert, und er wird so aufgeregt, dass seine Stimme sich fast überschlägt.

»Klar geht das, Mama!«, schreit Magnus. »Wir kaufen Schwarzer Wuschel! Und dann gehört er uns! Und der Mann darf ihn nicht schlachten! Aber wohnen darf er da!«, und er fühlt sich auf einmal so froh, als ob es mindestens Weihnachten wäre, und vielleicht sogar noch ein kleines bisschen froher.

Aber Mama schüttelt schon wieder den Kopf.

»Na gut, wir könnten ihn kaufen«, sagt sie. »Aber ihr glaubt doch nicht im Ernst, dass dieser Herr Kröger das Kaninchen dann weiter in seinem Käfig lässt! Der ist doch nicht verrückt und bezahlt das Futter für ein Kaninchen, das ihm nicht gehört, und mistet den Stall aus für ein Kaninchen, das ihm nicht gehört . . .«

»Den Stall kann ich machen, Mama!«, schreit Magnus.

»Den Stall, das mach ich!«

»Und das Futtergeld jeden Monat?«, sagt Mama. »Und bestimmt will er dann auch Mietgeld dafür, dass das Tier in seinem Käfig wohnt. Schlagt euch das aus dem Kopf. Das wird alles zu teuer.«

Und sie dreht sich schon wieder um und will zum Telefon
gehen.
Aber Anna gibt sich nicht so schnell geschlagen.
»Nee, wir könnten doch vielleicht – Mama!«, ruft Anna.
»Ich weiß, wie es geht!« Und vor lauter Aufregung
springt Anna auf.
Magnus starrt sie an. Kann es wirklich sein, dass Anna
eine Lösung weiß? Die blöde Anna, die gesagt hat, dass
man Kaninchen nur hält, weil man sie schlachten will?
Und die Mama verpetzt hat, dass Schwarzer Wuschel
im Keller ist?
»Guck mal, Mama, du kaufst das Kaninchen«, sagt Anna
jetzt. »Das ist doch vielleicht nicht so teuer. Das wünschen
wir uns zum Geburtstag, Magnus, Linnea und ich! Du
musst uns auch sonst gar nichts schenken!«
Aber da merkt man wieder, dass Linnea doch noch klein
und dumm ist.
»Mir doch!«, sagt Linnea energisch. »Mir musst du was
schenken, Mama. Weiß Anna ja gar nicht.«
»Und das Futtergeld?«, sagt Mama, als ob sie Linnea gar
nicht gehört hat. »Und das Mietgeld jeden Monat?«
Anna guckt vor sich auf den Tisch.
»Ich dachte, da fragen wir Papa«,
murmelt sie dann. »Ob
der das bezahlt. Als Ge-
burtstagsgeschenk.«

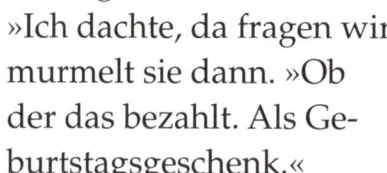

Und sie guckt ein bisschen verlegen.

Da schmeißt Magnus vor lauter Aufregung fast seinen Stuhl um.

»Wir fragen einfach Papa!«, schreit er. »Der gibt uns das Geld!« Und dann flitzt er schon selber zum Telefon. Aber Mama hält ihn fest.

»Euer Vater?«, sagt sie nachdenklich. »Glaubt ihr, der zahlt das? Jeden Monat?« Und sie guckt so komisch, wie sie immer guckt, wenn von Papa die Rede ist, aber das ist Magnus jetzt ganz egal.

»Der zahlt das!«, schreit Magnus, und ihm ist so leicht und froh, dass er am liebsten hüpfen möchte wie Linni. »Das zahlt der bestimmt!«

Da nickt Mama ein kleines bisschen und dann geht sie zum Telefon.

»Na, dann will ich mal mit ihm reden«, sagt sie.

Glück, das im Bauch wehtut

Als sie Schwarzer Wuschel in der Spielzeugtonne bei
Herrn Kröger durch die Pforte tragen, ist es schon bei-
nahe dunkel. Aber Mama ist ja diesmal dabei und Anna
auch, darum ist es überhaupt nicht gefährlich.

Auf dem ganzen Weg musste Magnus ein kleines bisschen summen vor lauter Freude. Mama musste gar nicht
lange mit Papa telefonieren, da hat er schon *ja* gesagt. Er
wollte als Junge auch immer so gerne ein Kaninchen, hat
er gesagt. Und so ist das doch eine wunderbare Lösung.
Wenn Herr Kröger einverstanden ist, heißt das. Aber das
war Herr Kröger ganz schnell.
Mama und Anna tragen die Tonne und Magnus drückt
von oben ein Handtuch auf Schwarzer Wuschel. Damit er
nicht rausspringt. Jetzt haben sie ja schon Übung.
Magnus hüpft neben der Tonne und summt. Manchmal
ist es vielleicht gar nicht so schlecht, wenn man eine
Mutter und einen Vater hat und die wohnen nicht zusammen. Meistens natürlich nicht. Aber manchmal doch.
Ostern hat Magnus das ja auch schon gemerkt. Weil es

da zweimal Ostersachen gab.

»Guten Abend, Herr Kröger«, sagt Mama, als der Mann aus seinem Haus kommt. »Ich bin Ihnen sehr dankbar, dass Sie zugestimmt haben. Und so schnell.«

Herr Kröger kratzt sich am Kopf.

»Soll wohl so sein«, sagt er und guckt interessiert in die Tonne. »Nee, was ihr aber auch mit meinem Karnickel gemacht habt.«

»Entschuldige dich!«, flüstert Anna. »Los jetzt, Magnus! Entschuldige dich!«

Und das kann Magnus jetzt ja leicht machen.

»Entschuldigen Sie bitte, dass wir Schwarzer Wuschel entführt haben«, sagt er und streckt dem Mann seine Hand hin. »Es tut uns sehr Leid.«

»*Schwarzer Wuschel?*«, fragt der Mann. »Na, das kann ja was geben«, aber als Magnus erschrocken zu ihm hochguckt, sieht er, dass der Mann eigentlich ganz zufrieden aussieht. Vielleicht sogar ein bisschen vergnügt.

»Aber wir dürfen ihn doch besuchen?«, sagt Magnus darum schnell. Wenn der Mann jetzt gute Laune hat, muss man das ausnutzen. »Wo er jetzt doch uns gehört?«

»Sicher dürft ihr das, mein Jung, sicher«, sagt Herr Kröger und macht die Käfigtür auf. »Nur nicht die Hühner füttern.«

Aber das will Magnus jetzt ja schon lange nicht mehr. Dann stehen sie alle vor dem Käfig und gucken, wie

Schwarzer Wuschel alles beschnuppert. Bestimmt freut er sich, dass er jetzt wieder zu Hause ist. In seinem richtigen Zuhause.

Und nachmittags kann Magnus ihn immer besuchen und ihn füttern und den Stall sauber machen. Eigentlich kann er noch gar nicht richtig glauben, dass Schwarzer Wuschel jetzt ihm gehört.

»So, nun müssen wir aber wieder nach Hause!«, sagt Mama. »Auf Wiedersehen, Herr Kröger. Die Kinder gehören ins Bett.«

Herr Kröger nickt freundlich.

»Ihr guckt ja bestimmt bald wieder rein«, sagt er zu Magnus. »Dein kleiner Bruder und du.«

Dann dreht er sich um und geht zum Haus zurück.

Da überlegt Magnus schnell, ob er ihm hinterherrufen soll, dass Linnea ein Mädchen ist; aber dann denkt er, dass dafür immer noch genug Zeit bleibt. Jetzt gehen sie ja öfter zu Herrn Kröger. Jeden Tag. Und jetzt ist das natürlich auch ganz in

Ordnung. Jetzt ist er schließlich kein *fremder* Mann mehr.
Nur Linnea, die ist nicht zufrieden.

»Ich bin doch ein *Mädchen*, Dummi!«, schreit sie. Dann
stupst sie Magnus an. »Und das ist *doch* ein Böser, siehst
du mal!«

Und bevor Mama sie daran hindern kann, stemmt
Linnea ihre Hände in die Hüften und brüllt.

»Arschi, Arschi, Arschi!«, brüllt sie.

Aber im Haus bleibt alles still.

Mama seufzt.

»Und dabei wollte ich gerade sagen, dass wir dann die
bunte Leine ja vielleicht doch auch noch kaufen können«,
sagt sie. »Wo wir jetzt ein Kaninchen haben.«

»Genau!«, schreit Magnus.

Manchmal kann das Glück so groß sein, dass es fast im
Bauch wehtut.

Für alle, die mehr über Linnea erfahren möchten und über ihre Geschwister Anna und Magnus, gibt es die Bücher

Linnea geht nur ein bisschen verloren
(Bilderbuch mit farbigen Bildern. Ab 4)

Linnea will Pflaster
(Farbige Kinderbuch-Reihe LATERNE, LATERNE
für Leseanfänger. Ab 6)

Linnea klaut Magnus die Zauberdose
(Farbige Kinderbuch-Reihe SONNE, MOND UND STERNE
fürs erste Lesealter. Ab 8)

Man darf mit dem Glück nicht drängelig sein
(Mit farbigen Stempelbildern. Ab 10)

Verlag Friedrich Oetinger · Hamburg